博瑞森图书
BRACE

企业阅读 本土实践

管理·人文·生活

商用车经销商运营实战

从野蛮生长到精益经营

杜建君　王朝阳　章晓青等◎著

中华工商联合出版社

图书在版编目（CIP）数据

商用车经销商运营实战：从野蛮生长到精益经营/杜建君等著．—北京：中华工商联合出版社，2018.7

ISBN 978-7-5158-2331-7

Ⅰ.①商… Ⅱ.①杜… Ⅲ.①汽车-销售服务 Ⅳ.①F766

中国版本图书馆 CIP 数据核字（2018）第 113054 号

商用车经销商运营实战：从野蛮生长到精益经营

作　　者：杜建君　王朝阳　章晓青

责任编辑：于建廷　效慧辉

责任审读：郭敬梅

封面设计：久品轩

责任印制：迈致红

出版发行：中华工商联合出版社有限责任公司

印　　刷：北京兰星球彩色印刷有限公司

版　　次：2018 年 8 月第 1 版

印　　次：2018 年 8 月第 1 次印刷

开　　本：710mm×1000mm　1/16

字　　数：175 千字

印　　张：14

书　　号：ISBN 978-7-5158-2331-7

定　　价：98.00 元

服务热线：010-58301130

团购热线：010-58302813

地址邮编：北京市西城区西环广场 A 座 19-20 层，100044

http：//www.chgslcbs.cn

E-mail：cicap1202@sina.com（营销中心）

E-mail：gslzbs@sina.com（总编室）

导　读

作为主机厂授权、管理渠道的主体，商用车经销商及4S店在过去十多年，伴随着中国经济的快速起飞，经历了一个从小到大、从野蛮生长到规范经营的过程，成为中国商用车行业市场高速发展的重要支撑。然而，近几年来，随着中国经济的深度结构转型，商用车销量大幅下滑，其中工程车下滑尤为突出，商用车经销商及4S店的经营遇到了前所未有的挑战。

从2011年起，深远汽车咨询团队专注于商用车经销商驻店辅导，以“咨询+培训+辅导”三位一体的模式为商用车经销商提供贴身、实战性的一线智力服务。本书就是我们7年驻店辅导的经验总结，对商用车经销商的经营与管理、4S店的运营做了全方面的系统总结，可谓是国内商用车行业经销商运营实战的宝典。

本书分为6大篇章：

（1）团队管理篇：本篇章既有较强的理论性的阐述，分析了经销商企业的组织能力与团队管理对企业盈利的重要性，更有很多案例具体展现了如何做好4S店的操盘手，帮助企业管理者克服管理中遇到的各种瓶颈与阻碍，提升领导力，优化团队管理，促进企业盈利。

（2）营销策略篇：与乘用车不同，商用车更多是一种生产性工具，因此其产品营销具有自身独特的逻辑。我们从实践中不断总结经验，将经验转化为更具指导性的理论，帮助商用车经销商克服产品营销的诸多痛点。比如：如何实现快速成交，如何设计机制激励一线销售人员动起来，如何快速打开物流园市场，如何提升产品的价值感，等等。

（3）售后服务篇：商用车行业过去靠新车三包的盈利结构、以服务站为中心等客上门的传统运营方式越来越难以为继。深远团队通过深度洞察和系统化思考，提出了精准营销模式、业务结构调整、数据化管理与服务站能力提升等一系列应对策略，辅助并促进服务站实现业务结构、营销模式、运营方式的快速转变。

（4）配件管理篇：商用车行业的配件市场十分巨大，但也是很多经销商与服务站的一个管理痛点。结合多年的商用车驻店辅导实践，深远汽车咨询构建了一套科学、全面的配件管理体系，有效地解决配件管理上的各种管理痛点，包括配件制度的建立、配件库房的规划与设计、配件的销售策略，以及配件人才培养机制等。

（5）客户管理篇：不管时代如何变化，互联网如何打破边界，客户的诉求和担忧，永远是企业需要面对的核心问题。我们从商用车的行业特点出发，总结了做好商用车客户管理的具体方法，包括客户信息管理系统的使用、客情关系的维护、大客户营销之道，以及如何有效处理客户投诉，等等。

（6）公司治理篇：公司治理是要建立起企业的“决策、执行、监督”三全分立体系，解决企业的根基问题，促进企业长治久安、可持续发展，实现从传统企业向现代企业制度的转型。多数商用车经销商还没有脱离草创时代的色彩，企业规范经营的基础还有待夯实，阻碍了企业进一步发展。深远汽车团队对商用车经销商企业公司治理的相关问题做了深入研究，并给出相应解决方案，包括如何实现企业规范经营，如何设置企业的公司治理结构，如何做好企业传承，以及如何引进职业经理人，等等。

前 言

深耕细作增销量，开源节流创效益。

作为社会经济建设中的重要生产工具，中重型货车的销量与国家经济结构与发展状况密切相关。随着国内经济发展速度的减缓与产业结构的深度调整，目前我国中重型货车市场已经处于严重的供过于求的状况，具体表现就是市场增量机会下滑、车辆均价降低，以及行业整车平均利润急剧减少。相应的，过惯了好日子的商用车经销商也进入了一个前所未有的艰难时期。

反者道之动，危机之中总是蕴含着新的机遇。当前商用车市场的演进趋势表现出品牌快速集中，优势品牌在存量市场的优势愈加凸显，行业整合与洗牌速度加快的特点。与此同时，与商用车行业命运攸关的物流行业也在快速发生转型，由原先的区域性的以分散客户为主的市场向更加集中的专业化与行业化现代大型物流公司的大客户为主的市场演进。这两大变化促使商用车市场的企业必须转型升级，不然就将在这一轮市场分化与整合中被淘汰出局。

对主机厂而言，争夺优质渠道客户、在各大战略市场精心布局、下沉营销与服务网络就成为市场决胜的关键。而对区域性、战略性经销商来说，能否担当得起主机厂的市场战略责任、坚守得住属地市场、挖掘出存量潜力、提高客户忠诚度、稳定住营销服务团队，成为站稳剧变时代市场的核心能力。

而很多靠着市场机会打天下的经销商，往往畏惧于投入与产出的不确定性，颠倒开源与节流的逻辑关系。在市场向好的时候，他们小富即安，不思进取；在市场竞争加剧，行业增长乏力的时候，他们急剧收缩市场行为，裁员缩店，降低经营的刚性成本，结果造成市场销量急剧下跌，客户流失严重，出现市场撂荒的现象。

而随着互联网经济对各行业价值逻辑的重塑，用户更趋于理智，“消费者主权”越来越成为市场的现实，而传统的关起门来经营的坐店销售模式越来越难以获得足够的顾客，更看不到新的市场机会在哪儿，陷入了“属地灯下黑”的情况。

挑战重重，商用车经销商如何才能走出当下困境呢？我们认为，商用车的经销商必须深耕行业终端，网格化细作区域商机，借助基于云技术平台的价值行销模式，做深做透区域市场价值。

具体来说，就是要深度介入不同细分的行业客户，譬如零担、速递物流、危化、冷链、环卫、港口与海关等，用精细化、网格化的布局，借助大数据工具构建出中心城市的物流园区市场及中小城市、县乡城市、乡村市场的作战地图，通过“深远云”等信息技术来打通客户管理通道，将区域中的市场价值及其潜力充分挖掘出来，就像农村耕地时把地犁深耙细以释放土壤肥力一样。这就是“深耕细作增销量”。

唐代大文豪韩愈云：“业精于勤，荒于嬉；行成于思，毁于随。”企业在深耕细作的同时，更要做好经营开源节流。“开源节流”就是要挖掘内部潜力、改减冗余成本，匹配以相应的考核激励措施，变消极经营为主动进取。

具体讲，就是要不断审视我们管理中在哪些环节可以革新、增效、节流；是否可以通过对现有流程优化来提升效率，积极响应客户需求，从而提升客户满意度；如何通过部门独立核算管理来实现“阿米巴经营”；如何通过财务管控来降低成本，发挥资金效益；如何制定企业培训机制，提升员工的服务意识及能力，提高人工效率；同时，通过布局围绕核心主业的相关多元化增加利润增长点，如事故车业务提升、开展物流挂靠业务、拓宽保险、销贷、二手车和精品等水平事业。

在市场不确定性增强的时期，经销商只有回归初心，聚焦属地，摒弃机会主义，珍爱市场，深耕细作，开源节流，才能深挖商机，宽开利润，实现可持续的稳健经营。从根本上来说，市场经营既没有巧取捷径的奇招绝技，更没有一劳永逸、坐地生财之法，只有回归常识、恒心守拙，以辛勤劳动与用心服务，才能构建起强大的内生竞争力。

“不积跬步，无以至千里；不积小流，无以成江海”。深耕细作，开源节流作为一种做市场、管企业的思路或方法，在企业具体的经营实践中，还要结合企业自身情况，根据轻重缓急，建立一种健康、均衡与可持续的经营机制。

路，在每个营销人的脚下；赢，在每个掌握企业命运者的手中。

目　录

第一章　团队管理：从力战到心胜

一、构建经销商组织竞争力的四要素 …… 3
二、经销商实现盈利的三条规则 …… 8
三、带好团队，总经理要以身作则 …… 14
四、做个知进退的 4S 店的总经理 …… 18
五、经销商做好年度培训规划的“一二三四” …… 23
六、部门主管在绩效管理中的四种角色 …… 27
七、让绩效管理变得及时与透明 …… 30

第二章　营销策略：店外行销　店内成交

一、商用车销售实现成交的“21 字真经” …… 37
二、做好商用车行销，从改变人的思维开始 …… 48
三、如何构建起有效的行销管理机制 …… 52
四、由内而外，让销售顾问自动自发 …… 57
五、开发物流园客户的八字诀 …… 62
六、提高产品价值感的六种营销策略组合 …… 68

七、客户常见托词背后的真实需求 …………………………… 71
八、让老卡车司机成为最好的销售员 ………………………… 75
九、如何做好商用车的“网销”业务 ………………………… 79

第三章　售后服务：深耕细作　开源节流

一、以精准营销深耕存量客户服务市场 ……………………… 87
二、以“数据化”管理提升客户服务能效 …………………… 94
三、如何提升 4S 店服务站事故车业务的产值 ……………… 97
四、正成为服务站主流业务的外出维修服务 ……………… 100
五、打造服务站快修能力的七个要点 ……………………… 103

第四章　配件管理：从能力建设到价值实现

一、配件管理制度体系建设的四部曲 ……………………… 113
二、库房管理要高效，先做好库房规划与设计 …………… 119
三、做好配件计划工作的意识与方法 ……………………… 129
四、配件精准销售的四种策略 ……………………………… 134
五、成为优秀配件经理的四项修炼 ………………………… 137

第五章　客户管理：深挖客户价值

一、做好客户的“一诚三信”原则 ………………………… 143
二、像管理资产一样管理客户信息资源 …………………… 147
三、五步让你轻松管好客情关系 …………………………… 152
四、从“高安模式”学如何做好大客户营销 ……………… 158
五、客户关怀不妨从交车留影板做起 ……………………… 161

六、客户投诉不是找麻烦，是企业机会 …………………… 164
七、处理客户投诉六步法 …………………………………… 169

第六章 公司治理：从草创到规范

一、经销商如何打造一家经营规范的企业 ………………… 175
二、如何完善经销商企业的公司治理结构 ………………… 179
三、实现信息在企业内部上下高效通达是公司治理的基础 …… 182
四、企业传承你做好准备了吗 ……………………………… 186
五、如何更有效地引进或打造职业经理人 ………………… 189

第 一 章

团队管理

从力战到心胜

一、构建经销商组织竞争力的四要素

2016年7月11日，第15届欧洲足球杯在法国落下帷幕，葡萄牙队在球队灵魂C罗因伤下场的不利局面下，以哀兵之势1∶0战胜东道主法国队，最终夺得冠军。硝烟散去，昨日犹在，葡萄牙封王让人赞叹，更让人称奇的是以弱胜强并创造历史的冰岛队。

冰岛队作为本届的奇迹，不仅是因为这个总人口仅有30多万的岛国球队能闯进八强，更因为包括主帅在内的不少成员显得很业余。有人算过，冰岛全队23人的总身价甚至不敌英格兰中场斯特林一人，遑论其他大牌球星。在冰岛2∶1击败英格兰后，英格兰足球名宿莱因克尔感叹："这是英格兰史上最糟糕的失败。我们居然输给了一个职业球员比火山数量还少的国家队！"

多年来，欧洲一些小国总是能在球场上创造奇迹，原因何在？因为人口数量多寡不同，欧洲各国的足球水平在总体实力上存在着些许差距，但是在体能禀赋、竞技水平上大致处于同一个水准。因此，在一场具体的比赛中，鹿死谁手，却并不一定。在一场赛事中，所谓的强者不一定就能取胜，而弱者也不一定会落败，关键在于谁有更强烈的求胜意志、必胜的信心、强有力的领导力与更具战斗力的团队，而这正是欧洲杯总能产生黑马与奇迹的原因。

市场即赛场，如果我们把每个商用车经销商比作是欧洲杯赛场的一支球队的话，要在竞争激烈的商用车市场中拔得头筹，成为赢家，其中的道理也是适用的。因此，要成为市场中最具有竞争力的经销商，需要在以下四个方面全力以赴。

1. 领导者要有强烈的必胜意志

国防大学教授金一南将军所著《心胜》一书中有一句话："战胜对手有两次，第一次在心中"。正所谓：心胜则兴、心败则衰。

作为第15届欧洲杯冠军葡萄牙队的队长与绝对主力，可以说C

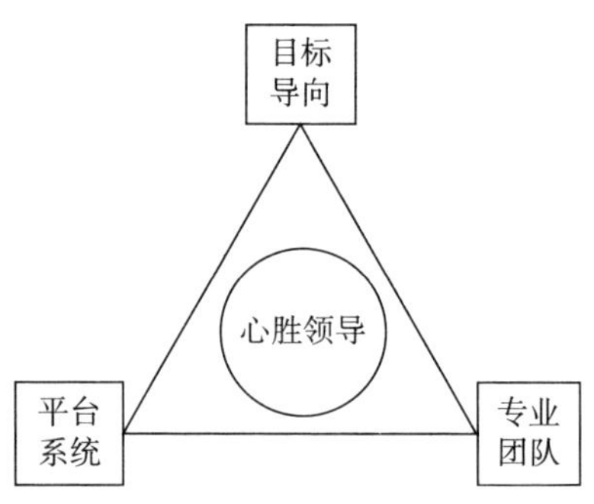

图1－1　企业组织竞争力的四个要素

罗个人整体上的发挥并不算是最好的，但是他在球队中的精神领袖作用却非常明显，始终对球队夺冠充满信心，执着于胜利，使得葡萄牙队有了空前的凝聚力，最终才把“二流”的牌面打出“一流”的结果。在与法国决赛过程中，人虽因伤下场，但并没有放弃自己的责任，一直在场外为队友呐喊助威并指导，做到了“下场不下岗”的担当。

同样，作为商用车经销商，在市场形势严峻的情况，老板、操盘手与管理团队是不是有信心、是不是敢于挑战，能不能真正发挥核心班子的领导力作用，是取得市场竞争的关键。在我们服务客户中，就有青海煜展方虎董事长早年带领团队坚持不懈、锲而不舍地开发木里煤矿东风大力神市场的感人故事。作为老板，身先士卒，知难而上，敢于舍得，服务先行，先立口碑，再做生意，硬是靠持续不断的冲锋，撕开了市场的缺口，把不可能变成可能，实现了销售大力神数千辆的奇迹。

一家经销商的生存状况如何，尤其是在市场困难时期，核心就是看团队的“精气神”如何。而塑造团队精气神的核心，正是企业创始人的意志、心量与心力。有些“能人型”的经销商老板，很有做生意的能力，但在小有成就后，市场求胜的意志却逐渐消失，这在因为经济结构调整而需要推进公司转型时，很容易出现战略定力不足，最终导致团队斗志涣散的情形。

2. 建设一支有战斗力的团队

团队的战斗力何来？除了必胜的信念，团队的专业化能力与积极协同是关键。必胜的信念、求胜的意志是战斗力的心理基石，团队的高效协同是战斗力的组织保证，而专业化的能力是战斗力的基本要求。

不少人认为，葡萄牙这届欧洲杯是“爆冷”夺冠的，因为他们呈现出一种完全颠覆自身传统的战术风格，即从崇尚球员个人技巧与进攻的拉丁派转为注重团队合作、整体战术协同的“意大利式”足球。在足球高度科学化的欧洲足坛，强弱之分无非两点：一是战术执行力，二是个人能力。对欧洲各国球队来说，球员的个人能力基本不是问题，关键还在于整体战术协同与执行。

当前，商用车市场正步入客户价值深度细分时代，客户对于专业化的服务要求越来越高，越来越精。好钢用在刀刃上，建设一支具有深度专业能力的战斗团队是战略经销商赢得未来竞争的核心保障。比如，商用车经销商宁波堰甬公司的业务团队就让人印象深刻。近几年来，该团队深耕宁波危化物流市场，专注专心、咬定客户需求不放松，以让人敬重的专业能力做深做透了行业需求，把东风天龙做到了 80% 左右的市场 TIV 份额，真正实现了“有价值的市场份额”的营销转型目标。尤其可贵的是，他们一次售出十台天龙旗舰，并创造性地为大客户、老客户提供前置式与管家式的驻店服务，赢得了客户的高度信任。

3. 构建强有力的后台支持

就一场比赛来看，两队比拼的是求胜的信念与意志，但从更长的时间看，比拼的则是背后的系统支撑能力。冰岛之所以能在本届欧洲杯上创造奇迹，固然有“运气”的成分，但奇迹背后是冰岛长久以来对足球的科学规划与系统建设。人口总数只有 30 多万的小小冰岛，竟有着5个级别完备的职业联赛体制，有165个欧足联A级教练，还有563个欧足联B级教练。也就是说，大约500个冰岛人中就会有一个欧足联B级以上的教练。他们很多人都在8岁至12岁的青训营执教，这意味着孩子们从小就能接受到高质量的足球训练。

对于营销来说，道理是一样的。要让营销有效，创造出佳绩，团队专业能力很重要，但要充分发挥能力，还需要构建起强大的后台，包括信息平台、学习平台、考核体系等支持系统，如此才能保障团队的战略战术协同，人才的成长与有效的激励。随着事业的发展和区域的深耕，经销商企业经营的集团化、网络化和平台化成为必然，商用车4S店各模块的协同促进越来越重要。比如，经销商陕西北盛公司这几年在扎扎实实地推进平台化和职业经理人队伍建设，在组织建设和人才储备方面上了一个新台阶，这让北盛的发展获得了战略先机。

当前，一线城市的物流园区正在蓬勃发展，区域大型物流公司在快速崛起，互联网技术在深度进行渗透，能否抓住这些机遇，并应对随之而来的挑战，需要经销商有足够的平台支持和高度的专业团队协同，否则，是很难满足战略性大客户更高标准的技术支撑和服务保障的需求。

4. 塑造全力达成业绩的文化

生意的本质就是成交。要实现成交，前提是以价值交换为本，途径是紧盯目标，全力达成。在高强度竞争的环境下，成交也还只是手段，重要的是企业能够保持盈利。就像绿茵场上，一切传球盘带、前攻后防的唯一目标就是进球，但如果只是一次进球，最多是获得暂时的小胜利，并不能保障最终的胜利。要取得最后的胜利，到终场时至少要比对手多进一个球。

订单、成交与盈利永远是企业经营的生存三部曲，做老板的不可有丝毫的懈怠。前几年商用车市场总需求出现断崖式的下跌，给许多经销商的经营带来了不小的困扰与挑战，尤其是在传统的中西部资源型市场。面对这样的情形，老板是要做甩手掌柜或见好就收，还是要逆水行舟、砥砺前行？

陕西长凯公司的李总和陕西日鼎公司的卢总两位老板都是60后的创业者，经过多年的创业拼搏，事业今有所成，但还始终保持着对事业的激情，不忘初心，坚守区域，深耕市场，保持份额，把行业口碑和市场声誉当作自己的生命，通过关怀员工、做好客户服务，在公司内塑造出一股咬定青山不放松的拼搏文化，使得企业在市场大风大浪面前具有行稳致远的能力和定力。

历史上，每次战争都是骄兵必败，哀兵必胜。不管是国家、军队、企业还是一个球队，在走向胜利的道路上，都会面临各种艰难险阻，更会面对各种强者的挑战，自身不可能在万事俱备时才去迎敌，更不可能面临生死绝地时束手待毙，而只有破釜沉舟、凝心聚力地奋起战斗，才能置之死地而后生，创造奇迹，续写传奇！

二、经销商实现盈利的三条规则

2014 年被定义为汽车行业的“转折年”，最明显的特征之一就是汽车流通领域从单店亏损的个案转变成 70% ~80% 经销商亏损的行业现状。汽车经销商的日子，令人担忧。托尔斯泰在《安娜·卡列尼娜》开篇写道：“幸福的婚姻都是相似的，不幸的婚姻各有各的不同。”这句话用来形容商用车经销商的经营状况也同样合适：“盈利的经销商都是相似的，亏损的经销商各有各的不同。”也就是说，全国那 70% 的经销商运营上陷入亏损，可能是各种原因所致，但剩下盈利的 30% 经销商，却有着一致的成功经营逻辑。在为客户服务的过程中，我们总结了数家盈利经销商的运营经验，得到了以下三条让经销商实现盈利的规则。

规则一：盈利的经销商都具有清晰的战略思维

简单来说，汽车经销商的战略思维主要体现在投资战略、人才战略与客户战略三个方面。

（1）投资战略。

经销商开汽车 4S 店是一种投资行为，必须遵循市场规律才能获得成功。可有些经销商在投资 4S 店时，往往凭直觉而不研究市场规律，结果导致投资失败。一般来说，4S 店投资失败主要有以下三种情况：

一：同城店投资失败。

有经销商看到某品牌在当地卖得好，赚钱了。于是，想方设法也要去投资该品牌店，去申请该品牌的授权。结果，开业后才发现，市场发生了变化，新建的 4S 店从位置到人才、从技术到服务都无法跟老店竞争，只能勉强维持。

二：后发空白市场投资失败。

一般来说，后发空白市场本应是投资的大好地方，竞争压力小，怎么会失败呢？但是，在中国做生意光靠市场是不行的，很容易受到当地政策的影响。如果政策发生调整，新开的店面很容易受到牵累而陷入亏损。

三：二级店升一级失败。

对于白手起家的二级经销商老板来讲，没有什么比投资一家一级经销店的梦想更诱人。看到自己昔日的竞争对手投资一级店成功，再也按捺不住梦寐以求的梦想，完全被创业激情冲昏了头脑。殊不知市场早已斗转星移，不复当年了，到头来往往是竹篮打水一场空。

前车之鉴，其犹未远。经销商的投资战略要取得成功，必须要遵循市场规律，在合适的市场时机下成功卡位，并励精图治，打造持续盈利的能力。

（2）人才战略。

首先，一家盈利的经销商在关键与核心岗位上必然有几个铁杆业务骨干，诸如销售精英、服务顾问、维修技师。这些业务骨干不但支撑了公司的业务，是中层的得力干将，也是公司高层的铁杆粉丝。同时，他们在专业上不输于一般店的部门经理，但他们对企业的忠诚度使得他们不会被轻易挖走。而培育忠诚度最有效的方式就是以结果及贡献为导向的绩效体系，以及公司“以奋斗者为本”的用人理念，不让多做事的人吃亏的价值导向。

其次，盈利经销商人才战略的第二层是提拔有担当、敢作为、能独当一面的中层干部。中层是公司的核心执行层，是高层战略的抓手。中层强则行动力强，就意味着在市场竞争中先人一步，抢得先机。

最后，盈利经销商的高层都具备大格局的战略思维，在用人策略中懂得用人所长容人所短，在市场营销中总能先人一步，懂得集中优势资源出其不意。

（3）客户战略。

盈利的经销商都是“以客户为中心”。首先，盈利的经销商有一个强大的客服部。客服部是一个重要的职能部门，是前台员工的服务评价部门，是客户意见反馈与回馈部门，是客户线上线下活动的组织部门，是大数据营销的指引部门，是总经理营销作战的参谋部；其次，盈利的经销商都有自己的客户意见领袖，有至少20%的铁杆粉丝用户，任凭街边店多便宜都拉不走；最后，盈利的经销商都给予员工充分授权，让其可以更主动为客户提供优质服务，为客户带来价值最大化。

汽车经销商的竞争归根结底是客户的竞争，而客户的竞争拼的是服务，服务的竞争拼的是人才，用心去工作的员工给客户提供服务的感觉完全不一样。盈利经销商的员工脸上给人亲切喜人的感觉，不会让人觉得不舒服。

盈利的经销商在投资战略、人才战略、客户战略上不会迈错一步，形成了亏损经销商无法比拟的竞争优势与底蕴。

规则二：盈利的经销商都鼓励学习创新

传统汽车销售服务市场正面临着客户群体年轻化、交易透明化、专业细分化的转变。这些转变与生产厂家关联度不高，而关乎经销商的生存，需要汽车经销商独自应对。如果经销商不主动学习创新，一味因循守旧，跟着主机厂后面要奶吃，最终难脱亏损淘汰的境地。盈利的经销商面对市场竞争的新挑战，敢于在学习创新中做出经销商自己的特色，为客户提供差异化的服务。

（1）敢于提拔有学习创新意识的人才。

企业的学习与创新氛围完全是高层重视及导向的结果，老板提倡、鼓励什么，员工就朝哪个方向去努力。华为“以奋斗者为本”，其对奋斗者的定义是：为客户创造价值的任何微小活动，以及在劳动的准备过程中，为充实提高自己而做的努力，均叫奋斗，否则，再苦再累也不叫奋斗。形成人人以奋斗者为标杆的氛围，持续艰苦奋斗，才有华为今天的走向全球，敢于与世界一流企业相竞争的结果。

经销商没有任何属于自己的原创性资源，唯有依靠优秀人才为客户提供服务产品。盈利的经销商敢于提拔有学习创新意识的人才，不断优化影响团队内部活力和创新机制的要素，创新管理、创新服务，适应市场变化及客户需求，使企业立于不败之地。

（2）敢于让员工在服务创新中试错。

主机厂几乎主导了经销商员工的所有培训，从一线销售员、服务顾问的进阶培训到销售经理、服务经理、客服经理、财务经理的晋级培训，再到总经理的提升培训，无所不包。这样的培训体系有助于主机厂的营销目标在经销商层面得到落地执行，但也固化了经销商的运营模式，抑制了员工的创新实践，不能完全适应市场的变化、经销商的转型及客户的需求。

盈利的经销商能正视主机厂模式的局限性，在日常营销实践、服务客户中鼓励员工创新营销、服务方式，在与客户的互动中敢于让员工试错，从而形成经销商自身的特色营销方式及服务体验。

（3）敢于建立客户服务评价标准。

出门叫滴滴，遇到司机服务不好，马上差评，严重的直接投诉至后台客服。于是，司机都会赔上笑脸，请客户打个五星。这样司机可以优先抢到单，并能达到滴滴的奖励标准。淘宝、美团、酒店预订 App 等常用软件都实现了客户即时评价，后台根据客户评价考核服务商。客户服务评价标准的建立能完全训导服务人员的服务态度，进而保证服务质量，建立企业在目标客户中的口碑。

盈利的经销商首先在工作中建立标准。一台车从客户第一次进店到回访跟进互动，再次到店、试驾、洽谈、成交、交车、首保、维修等各个流程都会建立规定动作、加分升级动作。基础规定动作缺失重罚，加分升级动作重奖。在重奖与重罚之间培养员工素养。其次，建立客户即时评价体系。汽车消费服务领域一直引进延续的是 J. D. Power 第三方满意度评价体系与厂家奖金的利益挂钩机制，而随着移动互联网的普及和大数据的成熟运用，J. D. Power 已经被证明不能完全适应中国的汽车市场及当下的客户需求。于是，一些有自觉意识的盈利经销商建立起自己的客户评价体系，收集反馈客户的真实感受，不再被虚假的、无用的信息所误导。

规则三：盈利的经销商都具备持续盈利的基础

“月盈则亏，水满则溢”，盈利的经销商不追求一时的高利润，而是深耕持续盈利的基础，确保基业长青。

（1）盈利的经销商都以打造持续交易为基础。

盈利的经销商都以打造持续交易为基础，不追求一时的利益。首先，在质量控制上确保新车 100% 三次 PDI（入库、出库及质量）检验、确保 100% 原厂配件、确保维修后三级质检、确保人员服务质量、确保投诉响应回馈机制。其次，在消费回馈上，设计以客户价值为导向的会员制度，确保忠诚客户享受更高实惠，营造客户持续交易的氛围。在营销包装上，让客户明明白白消费的同时，确保加装产品的质量保证。

台塑集团创始人王永庆 15 岁小学毕业后，到一家米店做学徒。第二年，他用父亲借来的 200 元钱做本金自己开了一家米店。为了和隔壁那家日本米店竞争，王永庆颇费了一番心思。当时大米加工技术比较落后，出售的大米里混杂着米糠、沙粒、小石头等，买卖双方都是见怪不怪。王永庆则多了个心眼，每次卖米前都把米中的杂物拣干净，这一额外的服务深受顾客欢迎。王永庆卖米多是送米上门，他在一个本子上详细记录了顾客家有多少人、一个月吃多少米、何时发薪等。算算顾客的米该吃完了，就送米上门；等到顾客发薪的日子，再上门收取米款。他给顾客送米时还帮人家将米倒进米缸里。如果米缸里还有米，他就将旧米倒出来，将米缸刷干净，然后将新米倒进去，将旧米放在上层。这样，米就不至于因陈放过久而变质。他这个小小的举动令不少顾客深受感动，铁了心专买他的米。

营销的本质就是打造持续交易的基础，多年前王永庆从这家米店起步，最终成为今日台湾工业界的“龙头老大”，对今天的经销商运营依然有借鉴意义。

（2）盈利的经销商都有应急管理预案。

一年有四季轮换，市场有淡旺季，经济有周期循环，产品有上、下市档期。汽车作为大件消费品，受经济大环境与市场小环境影响在所难免。一家盈利的经销商面对经济下滑、市场波动带来的挑战都有自己的应对方策。

盈利的经销商以更成熟的心态来应对市场波动，团队在不利的大环境条件下，反而愈战愈勇，更加团结协作，在心态调整上更胜一筹。在业务运作上更加主动作为，锁定目标，走在市场前面，充分展现团队优势，抢占因受市场因素下滑的其他经销商份额，把成功的喜悦留给自己，把失败的悲伤留给因市场下滑而抱怨的竞争对手。

除了市场风险，经销商还面临融资、税务等财务类风险，安全事故、客户纠纷、劳资纠纷等法律类风险……盈利的经销商都有风险管控机制与应急预案，冷静理性应对，确保风险可控，不会影响到公司正常运营。

当然，关于盈利经销商的个案研究将是一个很大的课题，非几千字短文所能涵盖，本文列举三大相似点并不能完全概括盈利经销商的特征。总之，盈利经销商以自身沉淀与创新形成的核心竞争力，值得所有奋斗着的经销商学习借鉴。

三、带好团队，总经理要以身作则

总经理一职是4S店的最高管理岗位，一人之下（投资人），数十上百人之上，其一言一行深刻地影响到团队。俗话说，兵熊熊一个，将熊熊一窝。如果总经理不能为团队注入一种积极向上的氛围，员工的表现大都会精神不振，因循守旧，不愿多干活，事事斤斤计较，这样的团队显然不可能取得好的业绩。要做好一名总经理，必须能为下属注入奋斗、吃苦耐劳的精神，让大家都有一种竞争协作的态度，形成良好的工作氛围。

在任何组织中，领导者都不可能时时刻刻都管着下属，解决的办法是加强下属的自我管理。前提就是领导者要做到身先士卒，以身作则，成为下属的榜样，变“照我说的那样去做”为“照我做的那样去做”。总经理的榜样作用具有强大的感染力和影响力，是一种无声的命令、最好的示范，对员工的行动是一种极大的激励。

那么，4S店的总经理在工作中怎样才是做到了以身作则、身先士卒呢？

1. 多在一线，以身示范做服务

有很多总经理总是作为“旁观者”观察员工的接待及时性。比如，当自己踏进店里，如果前台员工接待或欢迎口号不及时，就会马上批评；在门口看见客户倒车时，总经理第一反应是招呼员工过来引导客户倒车，自己只是站在一旁看着。其实，这样做，给客户和员工的心理感觉都不好。客户会觉得这家店的管理者高高在上，把员工当干活的使唤，看不到管理层和员工服务的诚心。而员工则内心惭愧，觉得没给客户服务好，还得总经理提醒，在客户面前丢面子。

正确的做法是，总经理看见客户倒车，应第一时间冲上去，引导客户把车停好，站在客户车门旁迎接客户，“您好！我是××店某某某，很高兴为您服务，请问我有什么能帮到您?”……看到总经理都这么专业地接待客户，员工能不积极效仿吗?

所以，总经理要经常冲在接待的第一线，特别是周末客流量高峰的时候，总经理、部门经理都应成为接待岗位的超级替补。这样做，既能深入了解客户，也能密切客户关系，给客户创造不一样的体验，同时还能在接待过程中给员工做示范，言传身教地灌输自己的接待标准。

2. 多进车间，学点技术好压身

4S 店的总经理大多是从销售或售后管理岗位晋升上来的，车间管理、维修技术是其先天的短板。有人可能会说了，专业的事让专业的人干，总经理不懂也没什么关系啊。这样的说法听起来貌似合理，实则不然。

有这样一个案例。有位客户于一年前的 8 月 30 日到 4S 店更换了正时皮带，而来年 2 月 11 日在市区行驶中发动熄火停摆，之后拖车至 4S 店检修。经客户同意后拆解发动机，确定活塞破裂，缸体受损，维修费用需要 3 万多。不过，车主认为，正是一年前 8 月份更换正时皮带导致发动机受损的，维修费用需要 4S 店承担。该店的总经理平时就喜欢到维修车间跟师傅交流沟通，对于维修知识有一定的积累。根据维修师傅的反馈，他判断责任不在 4S 店，可能是车主不想自己掏钱而有意赖上 4S 店。有了这种判断，通过与车主有理有据地沟通，最终让车主放弃了不合理的要求，妥善地解决了此事。试想，如果不懂一点技术，与维修师傅没有默契，是很难处理这种高难度的技术类维权事件。

多下车间，多跟师傅沟通交流，多看多问多听，日积月累，不仅可以学习很多技术知识，比如发动机总成、变速箱总成大修；大事故车的拆检等，还能与不善沟通的车间员工培养感情，让车间维修师傅也能体会到管理层的关爱，进而以积极正面的心态为客户尽职尽责地修车。

3. 多点关爱，凝聚员工的心力

在4S店，加班加点是常见的事情，比如销售员要为周末活动进行客户邀约、配件仓库的跨月盘点、大修或事故车的赶工期，迎接主机厂审计或明访，等等。虽然说，很多加班工作是每个岗位须承担的岗位职责，只要绩效考核、管理制度做到位，给员工以法定的加班费，大部分员工都会按要求加班。但是，如果在加班时，给员工泡一碗泡面、大夏天能给干活师傅们一个西瓜……这些细微的关爱，员工是能感受到的。这不仅能有效消除员工对于加班的抗拒心理，更能凝聚员工的心力，更好地为客户服务。

4. 多做一点，感动顾客在心间

很多汽车品牌的厂家在过年时都会给4S店寄来很多对联、福字，让4S店赠送给到店客户。不过很多客户拿了这些对联后，往往就是随手扔到一边，并不会太在意，因为这一点不新鲜，更不实在。如何才能改变这种情形呢？有家4S店是这样做的，让总经理在内的所有中层以上的干部，亲自把对联及礼物送到忠诚的客户家里，并亲手为客户把对联贴起来。这样，在别的店是一堆送不出去的红纸，在该店则成为感动顾客的一份心意。而看到部门经理、总经理都亲自上门拜访客户，员工也就知道该怎么对待客户了。切记，高悬在墙的“客户至上”的经营理念，需要从总经理赋予行动的诠释，才能真正落地。

5. 多点仪式，联结员工与顾客

在新车上市或者大客户交车时，4S店应该举办相应的正规仪式，而且总经理应该在现场。因为，这种场合不仅能让客户体验到足够的尊重，也能让员工感觉到自己辛勤付出得到了管理层的认可。比如，有4S店规定了这样的交车流程：只要在店里，全体销售员及管理者都必须参与交车。全体人员都着深色西装领带、黑皮鞋，两旁列队，鼓掌欢送客户。

6. 多点走动，带动店员访客户

汽车销售市场竞争越来越激烈，谁离终端客户近，谁就能在客户心中占据优先位置。也就是说，主动走近客户，了解客户需求，必将成为汽车销售采取的主要方式。但是，这对于习惯在展厅接待客户的销售员来说是一大挑战。如何应对呢？总经理带头走出门店，定期走访二网、汽车卖场，了解二级代理商的需求、竞争品牌的策略、客户的诉求，宣讲本店的促销政策、本品牌的产品卖点，拉近产品与消费者之间的距离，从而影响客户的购买决策。

当总经理走出去了、销售经理走出去了，展厅没客户的销售员就会有样学样，走出展厅去找客户。

以上说的是总经理以身作则、身先士卒的 6 个小点。其实，在 4S 店，只要总经理积极作为，保持对市场、对客户、对人事的敏感度，还有许多可以用行动改善的地方。总经理以自身的言行为管理推进做示范、打前哨、做铺垫，崇尚实干的文化，才会潜移默化地影响到员工，使他们更加自动自发地为客户提供差异化服务。在 4S 店不能掌控产品品牌力的情况下，以行动力催生管理力、服务力，从而激发员工潜能、激励员工，使他们在实现自身价值的同时，为客户、为企业带来更大价值。

四、做个知进退的 4S 店的总经理

有一次，笔者参加一个经销商实战训练营，学员们白天在某物流园辛辛苦苦地做了一整天的市场调研，晚上又回酒店整理了半天资料。快到 10 点的时候，厂家一位区域经理刚放下餐桌上的酒杯，忽然想起了酒店里还有一班学员。于是，不顾冲天的酒气，到酒店“刷存在感”来了，后面还跟着经销商总经理、销售总监、市场总监等一众人员。他召集培训老师、小组组长开会，要听各组长当天的情况汇报，中间还事无巨细地插问，然后是老师的总结、经销商销售总监、市场总监、总经理的汇报，最后这位仁兄又长篇大论地总结他的看法及后续的要求。这样一直折腾到 12 点多。第二天，参加训练营的一线学员必须 7 点准时起床，8 点出发去做实战训练，其中辛苦自不待言。而那位区域经理当晚承诺说第二天上午来现场视察工作，但是一天过去却不见踪影。

说这个故事，笔者是想讨论这样一个议题，即总经理在 4S 店的日常管理中如何准确定位自己的角色，做到进退自如，做到在合适的时间出现在合适的场合，讲出合适的话，从而增加自己的影响力，而不仅仅是彰显自己的地位，让员工及其他伙伴感到反感，削弱自己的权威。那么，在 4S 店管理中，怎样才能做个知进退的 4S 店总经理呢?

1. 总经理什么时候应该进

（1）事关企业经营目标达成的情况时。

企业经营目标的达成不仅关系到企业的生死存亡，还关系到少则几十人、多则成千上万员工的薪酬收入，更关系到企业的经营是否能满足顾客的需求及顾客对企业的满意度。兹事体大，这样的关键场合总经理务必在场，并且要精心准备，对事关企业经营的决策必须讲通讲透，包括主导思想、方式方法、时间节点、监督落实、

人力物力保障、激励考核，等等。

企业一般以年度为单位制订经营目标。在编制年度预算的时候，管理者必须预留充足的时间，反复论证目标的可行性。一般在每年11月中下旬就要策划第二年的预算编制。总经理必须对经营目标制订与实现措施的各个关键环节，包括当年的决算、来年的市场分析、竞争环境分析、人力资源规划、薪资福利设计等诸多方面反复推敲、严格把关。先自下而上、再自上而下，反复几轮讨论修改，使年度预算更贴近实际，更好地指导来年的战斗。

公司年度总目标制订好了，然后就要按月分解到各部门，部门再按周分解到每个目标责任人身上。每周部门经理都要召集部门员工开周例会，总结分析上周工作完成进度、现有资源匹配、部署落实下周行动计划等。总经理召集部门经理召开月例会，盘整公司月度目标完成进度与计划时间的匹配情况，具体包括订单及客户资源与库存资源匹配、现金收入与现金支出匹配、市场活动与竞争品牌比配等。如果出现偏差，就要找到解决方案。

企业经营活动就是从周度到月度，从月度到季度，从季度到半年，从半年到全年的PDCA循环过程。因此，总经理必须管控好周、月、季度、半年、全年等一系列的会议节点，不应缺席各个例会，如果实在不能到场参加，也仅限于周会。

除了管控好达成目标的时间节点外，还要管控好达成目标的各关键事项，比如车展、新车上市、大型店头活动等。总经理要把自身定位成总导演，对前期策划、宣传预热、现场执行、后期跟踪、总结分析等各个关键环节都要进行把控。

（2）事关员工的心头冷暖时。

员工无小事。海底捞的张勇说："人心都是肉长的，你对人家好，人家也就对你好；只要想办法让员工把公司当成家，员工就会把心放在顾客上。"海底捞的服务员，有权给任何一桌客人免单。这种信任的授权，如何不让员工有主人感？一群农村的员工能拿到中等以上收入的工资，住在有物管的规范小区，有阿姨给洗衣做饭，让这些来自农村的朴实务工者享受这种待遇，他们怎么能不对公司心存感激？海底捞一个店长离职，只要任职超过一年以上，给 8 万元的“嫁妆”，就算是这个人被竞争对手挖走了，照样给。这样的尊重与承诺，员工哪能真舍得走？

简单说，关心员工的心头冷暖，就是要为最底层非绩效类员工的生活托底，保证他在城市的吃穿住，让他至少能不太发愁地每天生活下去。其次，就是让各级员工都能看到通过自己努力的未来与成长的路径。最后，就是在团队活动及日常礼仪中给每个人以尊重与关怀。因此，总经理应经常深入一线，每周不定期下车间、走访员工宿舍，了解员工需求，倾听员工心声，在员工的工作生活现场发现问题，协调解决问题。

（3）客户有意见或重大投诉时。

曾经有一家 4S 店立下这么一条规定：只要出现客户堵门的情况，上到总经理、下到保安等岗位相关人都扣发金额不等的工资。如果碰到一个不讲理的客户，往往是从上到下的全体员工都只能认罚了事。显然，这样的规定过于粗糙，是一种懒惰式的管理方法。

随着消费者权益保护意识日益加强，信息渠道的日益透明，以及客户诉求的多样化，4S 店总经理面临着越来越多的维权问题。如何有效稳妥处置客户维权问题，尤其是某些客户的非理性维权行为呢？这就非常考验管理者的水平了，这个时候往往需要总经理亲自坐镇指挥。总经理可以在客户休息区、收银台、接待区等区域，多与顾客交流沟通，了解顾客需求，倾听顾客心声，从而掌握一手信息，进而制定有效的客户营销策略，将矛盾化解在萌芽状态。

2. 什么时候管理者应该退

（1）部门自主的活动应避免参加。

部门自行组织的晨会、夕会、周会等各类会议，以及部门自行组织的团队活动，比如聚餐、野炊、唱K等。单个部门活动应由部门经理自行组织主持，总经理应避免或慎重参加，以更好地树立部门经理的权威。有的管理者担心掌控不了下面的情况，不自觉地插手部门的事务，一竿子搂到底，将部门经理当成摆设或傀儡，搞得下面的员工无所适从。

总经理掌控全局是当然的，但要注意方式方法，更要自己深入一线。如果不深入一线，不了解员工、不了解客户、不了解市场，插手部门工作往往就很盲目，非但达不成预期效果，反而搞乱了下面部门的工作。其实，总经理可设定员工访谈日，定期倾听一线员工的想法与意见，让员工没有距离感，同时深入一线业务现场，在业务运营中发现并解决问题。

总经理要掌控企业的运营全局，更重要的还是要靠制度来实现，从人、事、财多角度多层面来建立企业的监督平衡机制，比如以人事行政部来监督公司的人和事，财务部监督执行公司的财务纪律。

（2）对不了解全貌的事件切忌匆匆表态。

有这样一种情形，有些总经理喜欢中途参加一个活动，或是走马观花似的巡视工作，但为了表明自己重视，表现自己的高见，还常常洋洋洒洒发表长篇大论。这是很多总经理常犯的错误，让下属与员工感觉领导不够务实。所以，如果总经理重视一件事情，就要从头到尾地加以关注，扎扎实实地跟进从策划、启动、实施到结果总结的全过程，关键环节还要亲自参与。这样才能真正把握全局，统领工作。

另外，总经理在不了解事件全貌的情况下，不要轻易地下结论，做定调。很多时候，总经理中途插一手，因为不了解具体情况，很有可能将事情节奏和方向搞乱，非但不能鼓舞士气，反而极大影响工作的进展。所以，当事件出现了，管理者应从不同角度不同立场了解事件的来龙去脉、听取多方意见，尽可能把握事情的全貌，在此基础上进行决策。

（3）切勿为企业内关系员工盲目站台。

不论企业大小和类型，难免存在着一定裙带关系。而作为总经理，一定要站在企业全局的高度，营造一个公平、公开的工作环境，这样才能凝聚团队之心。总经理关照关系员工，就是对其他努力工作的员工的不公平，打击与挫伤他们的积极性。因此，总经理切忌为关系员工盲目站台。总经理更不能拉帮结派。如果私心太重，一味培养所谓的自己人，最终结果可能就是庸人当道、人才流失，企业的竞争力丧失殆尽。

4S 店总经理不仅承担着投资人的信任与重托，还承载着成千上万员工的人生事业，同时也被无数客户寄予了需求与期待。因此，管理者需要做好三方面的平衡，既要提升自身业务水平，走出办公室，撸起袖子、甩开膀子，深入一线，精准把握市场行情，还要提升管理艺术修为，以身作则，带好团队。知进退，懂分寸，是成为一名优秀的 4S 店总经理的修为之道。

五、经销商做好年度培训规划的“一二三四”

企业竞争，说到底还是人才的竞争。人才的培养始终是经销商的一项核心工作。每年年初，除了确定企业的经营计划，还要做好年度的员工培训规划，让员工能够学习到行业最新的知识及其他实用技能。那么，经销商该如何做年度培训，才能取得最好的效果呢？这里，我们总结了经销商做年度培训规划的“一二三四”，即一个培训负责人、二类人才成长规划、三种培训方式、四个学习成长季。

1. 一个培训负责人

做好培训规划，首先就是要明确培训负责人，也就是内训师。在现实中，内训师在汽车经销商那儿往往是个鸡肋式的岗位，总经理喜欢把那种卖车不咋的，做管理又不放心的人放到那里，这样既满足了厂家的岗位要求，又免了辞退员工的尴尬。也正因为如此，很多经销商的内训师岗位的工作绩效都不高，内训师也往往是得过且过，不思进取。

如何改变这种状况，更好地发挥内训师的作用呢？简单来说，就是“选好人、高绩效、领导管”。

首先，选一名具有良好学习意识与能力的人做内训师，具体体现就是爱学习、善学习、愿分享。内训师需要掌握汽车专业知识、市场营销、销售技能、消费心理等多方面知识，要做到显然非一日之功，不是从内心热爱学习，就难以持之以恒。同时，要把这些知识理解透，并讲解出来，需要内训师懂得由繁化简、抓住重点，非善于学习者做不到。最后，内训师应该是一个乐意分享的人，而且好为人师。

其次，一名优秀的内训师理应获得高绩效。坦白地说，目前汽车经销商内训师的绩效普遍偏低，难以吸引和留住优秀人才。如何在不增加投入的情况下，提高内训师的绩效？有两个可供参考的思路：一是多店共用，在汽车产品同质化的今天，多店或多品牌共享一个内训师是可以做到的。二是增加单店内训师工作内容，比如增加内训师新媒体运营方面的绩效，将内训内容通过新媒体传播出去。

最后，汽车经销商的内训工作一定要有个副总级别以上的领导分管，这样内训师才会感觉有靠山，推进工作才会信心倍增。

2. 二类人才成长规划

第一类人才是新晋的管理岗位成长规划。不少公司习惯在年初提拔一批新的管理人员，这对于企业发展自然是必要的，也是对优秀员工的一种认可与激励。但是，好的愿望不等于好的结果，总是会有一些人才难以适应新的岗位，最后演变成了拔苗助长。如何尽可能避免这种情况的发生呢？那就是在提拔新人的同时，一定要做好配套的管理岗位的成长计划，帮助新的管理者尽快适应新的角色。

第二类是业务骨干的学习成长规划。业务骨干是企业各项经营指标达成的人才保障。不过，业务骨干也会遇到自己的心理或业绩上的瓶颈。如果管理者总是要在业务骨干的业绩下滑后才去找原因，即使能亡羊补牢，也会造成不小的损失。因此，对于业务骨干的成长，做出提前的学习培训规划，全方位帮助业务骨干克服可能存在的职业生涯的瓶颈。

3. 三种培训方式

课堂互动式：研究表明，纯粹讲授式的培训，效果只有5%，而通过讨论、实践等互动参与的形式，培训效果则高达50%～90%。所以企业培训应充分运用讨论、实践等互动式培训方式，激励学员的学习热情，提高学员的学习兴趣，提高学习的成效。

户外拓展式：目标的达成需要一个积极向上的团队精神。其中，户外拓展式培训是塑造团队精神，释放团队压力，营造团队氛围的最好方式之一。在户外拓展的轻松氛围下，能增进团队成员的感情与信任，互相激励，以更积极的心态挑战新的目标。

外部培训：目前，经销商的外训资源主要是主机厂提供的，自己就像一个等奶喝的孩子，主机厂给了就喝，不给也就算了。不过主机厂的培训资源毕竟有限，如果经销商自己又舍不得投入，势必会影响到员工的培训，进而影响到企业经营能力的提升。因此，要在激烈市场中取得一席之地，经销商自己需要加大人才学习上的投入，积极引入外部培训，有针对性地提高员工的能力。

4. 四个学习成长季

经销商可以根据汽车市场季节性特点，将年度人才学习成长规划分为四个学习成长季：基础学习季、实战应用季、学习竞赛季与成长收获季。

1～3 月为基础学习季。这个学习季里的重点内容是，新主管要学会的一些基本管理技能，比如目标管理、会议管理、沟通管理、流程制度等。业务人员要学会客户管理、专业知识、销售技能、消费心理等基础性市场营销知识。

4～6 月是实战应用季。在这个学习季里，新主管要学会更高层次的团队管理技巧，如激励员工、过程管理、策划团队拓展训练活动；还要学会组织实施如团购会、特卖会等大型促销活动。业务人员则要学习更多实战性业务知识，如车展快速成交、业务大比武、网销电销与线下活动、客户邀约等。

7～9 月是学习竞赛季。经过半年历练的新主管，已经具备了一定的带团队心得，在这个学习季里核心任务是营造良好的团队氛围，组织并主导业务员通过厂家的进阶考核，比如销售员的进阶、服务顾问进阶、维修技师进阶。通过厂家的业务进阶考核，既是业务员个人能力成长的证明，也是团队及公司荣誉，更能为公司获得更多厂商资源支持增加砝码。业务人员主要任务就是为厂家的进阶考核做准备，进行针对性的训练。

10～12 月是成长收获季。新主管已经带领团队近 1 年的时间，总经理已经能大致判断新主管是否称职了。衡量一个管理者是否合格，不仅要看他/她是否把本职工作做好了，还要看有没有培养出可以接替他/她的岗位的优秀下属。所以，新主管在这个学习季里重点是发现与培养人才。业务人员的优秀是体现在目标完成情况上。因此业务人员一定要更加关注自己的年度目标，努力去实现。同时，业务人员也要开始关注团队，通过对团队的贡献寻求自身的进步空间。

六、部门主管在绩效管理中的四种角色

在辅导的过程中，我们发现不少企业的绩效管理都流于形式，没有起到应有的效果。当然，造成这种问题的原因有很多，比如考核机制设计不合理，管理制度不健全，等等。但还有一个重要但常被人忽视的重要原因，那就是考核执行不到位，而造成这种情况的原因又在于各部门主管（直线经理）没有在绩效管理中起到应有的作用。

在现实中，很多部门主管往往只是在月底按综合部人事主管的要求填填表，凭感觉给本部门员工打打分。分数打低了员工不服，分数打高了老板不高兴，最后结果就是，这次高一点，下次低一点，两边不得罪，有的企业干脆取消绩效打分。这也使得本来是为了真实评价员工工作成效，激发员工工作潜力的绩效管理完全失去了意义。

那么，各部门主管在绩效管理中到底如何定位，才能起到应有的作用呢？我们认为，在绩效管理中各部门主管至少应扮演四重角色。如果以一个足球队来比喻的话，各部门主管既是球队的领队，又是教练，还是球队的研究员，有时还要担任队长或队员，亲自冲上一线。

1. 做领队

领队的核心使命是要帮助球队不断赢得比赛，因为输了球，大家都拿不到奖金，还要挨批。在这个意义上，领队与球员之间是利益攸关的绩效伙伴关系。部门主管与下属员工的关系也一样，若是员工的绩效目标未达成，直接经理的绩效也会受到牵连。也就是说，在绩效上，部门主管与下属员工是站在同一条船上的，他们风险共担、利益共享、共同进步、共同发展。

基于此，作为领队的部门主管需要与本部门员工充分沟通，在

对服务站发展规划及总体目标达成一致认识的基础上，对服务站的总体目标进行分解，再结合员工的岗位职责，制定出可度量的绩效考核指标。

2. 当教练

明确了员工的绩效考核指标，部门主管接着要做的就是绩效辅导，就像球队的教练一样，通过各种方式提升球员的球技及团队作战能力。

一般来说，企业制定的绩效目标会比往年高出一大截，这对员工来说，是新的挑战，需要跳一跳才能够得着。因此，在实现目标的过程中，员工难免会遇到这样或那样的困难、障碍和挫折。这时，部门主管就像球队教练帮助球员提升能力、发挥潜力一样，以自己的丰富经验和影响力，通过积极有效的沟通与辅导，帮助员工获得完成工作所必需的知识、经验和技能，克服工作中的困难与障碍，获得更好的绩效表现。

3. 做分析员

绩效管理能否做好，对员工产生良好的激励效果，还需要建立在企业的数据化管理能力之上。要做好数据化管理，部门主管就要像球队的科研人员一样做翔实细致的数据分析。球队的分析员需要对队员的技术完成及训练情况进行记录、分析，把研究结果提供给教练员、领队及球员，以此作为找到提高球员成绩方法的依据。同理，通过数据分析，企业可以更精准地了解到每个员工的工作状况，也能更有效地帮助员工提升工作能力。让数据说话，让考核有事实依据做支撑，真正做到公平公正。因此，作为部门主管，在工作中必须投入相当的时间和精力，认真当好员工表现的记录员，以此作为员工绩效考核的基石及帮助员工提升绩效表现的核心依据。

4. 做替补队员

当员工有突发原因不能在岗时，部门主管还要充当替补，能够冲上业务一线，高效地完成相应的工作。也就是说，作为主管也不能把自己当成干部，把自己高高挂起，完全脱离一线业务。相反，应该从更深层次理解业务，成为业务的行家里手。

总之，绩效管理从战略目标制订到岗位职责、岗位分析，再到目标分解、行动计划及员工考核、面谈、会议管理，是一个系统工程。作为企业的中层管理者，部门主管在绩效管理中发挥着至关重要的作用。当然，如果部门主管能认真对待及执行良好，对自身的管理能力成长也大有裨益。

七、让绩效管理变得及时与透明

企业数据化管理的基础是一套完整高效的绩效管理体系。然而要做好企业的绩效管理，本身就不是一件容易的事情。很多企业往往把绩效考核当成绩效管理本身，结果往往是适得其反，非但没有激发出员工的工作动力，反而严重挫伤员工的积极性与主动性。

1. 绩效管理不只是绩效考核

2015年8月3日，FT中文网（英国《金融时报》集团旗下唯一的中文商业财经网站）刊登了一篇《跟没用的年度考核说再见》的专栏文章，讨论了传统的绩效管理与评定机制已经不适合当前时代的需求，不仅浪费了很多费用，而且还带来诸多的问题。比如，世界著名咨询公司埃森哲和德勤都先后取消了传统的年度工作考核制定。文章写道，“（德勤）每年至少浪费了2亿英镑在这一评价体系上，并且奖励了错的人，让几乎所有员工失去工作动力，而且到处传播厌倦和悲观情绪”。

作者引用埃森哲老板的话说，“当今社会需要的是即时绩效管理”。传统的年底或月度考核都太晚了，而且这样的考核无法做到对人的正确评价。由此，作者给企业的建议是，“雇用经理时，只雇用那些能够管理，且善于随时（而不是一周一次）告诉人们表现如何的人。如果他们做不到这些，他们就不该成为管理者。如果他们能做到，他们就不需要一个评估系统作为支撑”。

显然，这篇文章的观点有点激进与超前，并不适合所有的企业。其实，作者只是否认传统的绩效考核机制，而不是不要绩效管理体系。简单来说，绩效考核只是绩效管理的一个环节，而且应该是投入精力最少的环节。绩效管理包括管理的所有方面，它不仅强调达成绩效结果，更重视达成结果的过程，需要管理者做好目标管理、员工辅导、成果评价、绩效反馈等一系列工作。而这正是所谓“即时绩效管理”的本质。

那么，商用车经销商的企业绩效管理机制设计如何才能真正做到“即时绩效管理”呢？

2. 如何制定一个及时与透明的绩效方案

在此，我们以某服务站配件部的绩效工资方案为例，说明如何通过改正以前的绩效工资计算复杂、业绩不透明、激励不及时的不足，做到员工能清晰算出当天当月可以拿到多少绩效工资，实现绩效管理的及时与透明。其实，公司其他部门也可以按同样的思路重新设计本部门的绩效方案。

（1）某服务站配件部旧的绩效工资方案。

a. 月工资结构

- 月工资结构 = 基本工资 + 岗位工资 + 绩效工资；
- 基本工资：配件部 7 人，平均基本工资 1400 元；
- 岗位工资：配件经理 600 元，送货驾驶员 200 元；
- 绩效工资：与年度目标挂钩，年配件销售目标 800 万元，按月进行目标分解，完成月目标以上部分按 2.5% 计，低于目标部分按 2% 计。

根据以上方案，假如完成目标，平均绩效工资 = （800 万元/12） ×2%/7 = 1905 元；如目标超出 50%，则平均绩效工资 = 1905 元 + （400 万元/12） ×2.5%/7 = 3095 元。

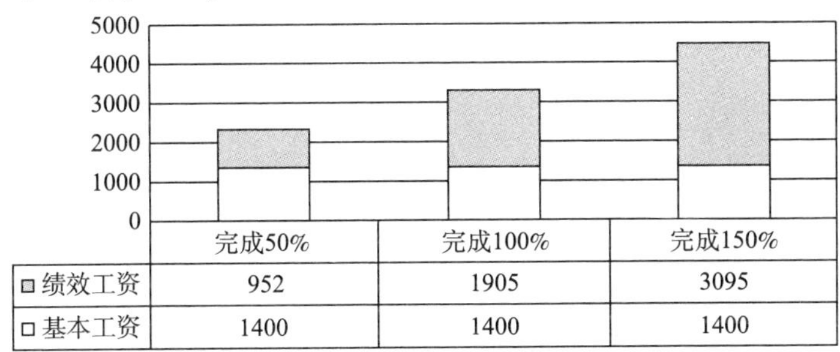

	完成50%	完成100%	完成150%
□ 绩效工资	952	1905	3095
□ 基本工资	1400	1400	1400

□ 基本工资 □ 绩效工资

图 1－2　某服务站配件部人员月工资收入

b. 工资发放方式

按月度销售目标情况计算，当月发放绩效工资的80%，剩余的年底一次补足。半年后，如实际业绩与目标差异较大，则对目标进行调整。

c. 该绩效工资方案的缺点分析

- 指标单一，尤其忽视了销售利润，可能造成利润流失；
- 员工会认为销售目标制定得不合理；
- 对员工激励不足，干多干少的人差距不大。

（2）某服务站配件部修订后的新绩效工资方案。

a. 重新设定目标

配件经营的业绩考核不能只重销售额而不重视利润。同时，还要重视过程考核。因此，需要从整体的角度重新设定考核指标，主要包括以下四个方面：销售毛利润、新增积压件金额、盘点差异金额、客户满意度。

表3-8　配件经营的四个考核指标

年度指标	计算方法	目标值（万）	说明
销售毛利润	销售额×平均利润率 = 800 × 18% =144	108	平均利润率包括油品，18%是去年的实际平均毛利润率。其中配件发运、提货、装卸费用计入当期经营成本，从毛利中扣除
新增积压件金额	平均库存金额×5% = 250 × 5% =12.5	<12.5	积压件是指超过1年没有出库记录的配件。新增积压件是指已经剥离过去1年的积压记录（包括品种和数量单项处理）来年新增的积压件
盘点差异金额	盘亏	I、A类：0 B：< ±0.2% C、E类：< ±0.5%	定期ABC分类，重点关注I、A、B类 盘盈不计

续表

客户满意度	客户满意：100元/次 客户不满意：100元/次		不包括给客户或公司造成损失的情况

b. 重新设定工资结构

- 月工资结构 = 基本工资 + 岗位工资 + 绩效工资 + 奖惩；
- 基本工资：暂不变；
- 岗位工资：暂不变；
- 绩效工资：与年销售毛利润目标挂钩，没有完成目标部分，按毛利润12%计算绩效工资，超出部分按15%计算绩效工资；
- 奖惩：将积压件、盘点差异和客户满意度情况纳入奖惩。新增积压件金额不足（超出）目标值部分按总成本金额的20%进行奖惩。盘点差异对超出目标部分进行100%成本金额的奖惩，如嫌进行ABC分类麻烦，就按80%成本金额进行奖惩。

新方案并没改变过去的基本工资和岗位工资，不过根据目标完成情况，员工的月工资收入在没有考虑奖惩项时，绩效还是有明显变化的。也就是说，在同样销售收入情况下并没有增加工资成本，但却改变了员工的预期。如图3－2所示：

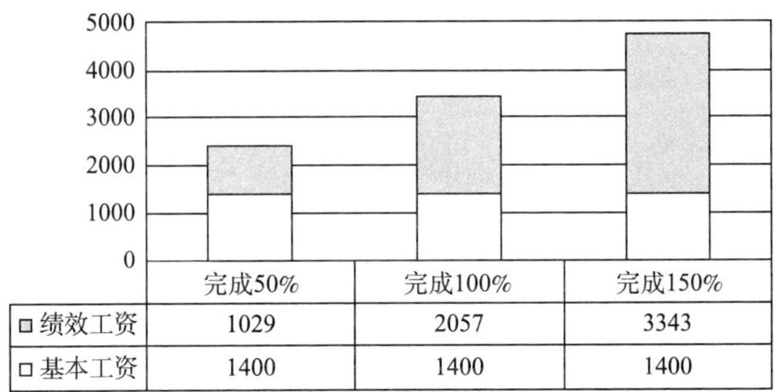

	完成50%	完成100%	完成150%
绩效工资	1029	2057	3343
基本工资	1400	1400	1400

图1－3　新方案的某服务站配件部人员月工资收入

c. 工资发放

按月度销售目标情况计算，当月发放绩效工资的 80%，剩余的年底一次补足。半年后如目标差异较大，则进行目标调整。

d. 新的绩效工资方案的优点分析

● 新方案的指标设计综合考虑了配件经营量和利的关系，能同时促进效率和效益的提高；

● 没有过多改变过去收入结构，如基本工资和岗位工资，但改变了员工的预期，激发他们的潜力；

● 绩效数据变得更加透明，员工打开信息系统就可以随时计算得到结果，有利于即时激励。

第二章

营销策略

店外行销 店内成交

一、商用车销售实现成交的“21字真经”

一直以来，商用车销售沿用的都是乘用车销售的八大流程，即客户开发、展厅接待、需求分析、选车介绍、试乘试驾、商谈成交、完美交车、售后跟踪。但是，商用车与乘用车在产品属性与客户群体上还是有相当大的不同，因此，在实际应用时，乘用车的销售流程很多时候并不能很好地契合商用车销售特点。基于此，深远汽车咨询根据多年来对商用车经销商跨区域、全品系的咨询、辅导、培训经验，总结了商用车销售成交的“21 字真经”，即销售市场外拓阶段的“知己知彼”“功夫在诗外”（9 字）、洽谈成交环节的“推己及人”“真心待客”“水到渠成”（12 字）。

1. 知己知彼

兵法云，知己知彼方能百战不殆。在商业中，相对知己，知彼更重要，一旦知道对方的真实需求，想要实现成交就是件相对容易的事情了。在商用车销售中，要做到知彼，首先要深入了解商用车司机这个群体。

从人口统计学上看，商用车司机这个群体大部分是“70 后”“80 后”，年龄主要集中在 30 岁 ~45 岁，学历大多数是初高中水平，已婚已育占绝大多数，是家中的顶梁柱，上有老下有小。他们在外面懂得谨小慎微，追求平安是福；他们满身油污、肤黑、爱抽烟，家乡话，却一身真性情、重情义。

他们常年奔波在祖国四通八达的高速公路上，星夜兼程、风雨无阻，一路上形单影只，但他们从来没离开过几千年传承下来的“熟人社会”。有些人是子承父业，从父辈的小拖拉机起家，再到轻卡、载货与牵引，更多的是亲戚带亲戚，朋友带朋友。

他们平时主要是通过 QQ、微信等与家人朋友联系。回到家里，睡饱之后就会去停车场维修保养车辆。遇上跑车回来的哥们，找个小酒馆整几盅白酒，聊聊行情，唠唠家常，期待下一趟平安顺利好收成。

以上就是对商用车司机群体的简要生活行为画像，“知彼”也就是这个意思。这有助于经销商业务人员在合适的地方找得到他们，以合适的方式跟他们进行有效沟通交流。比如，某经销商销售员常亮就通过上卡车之家论坛、加入当地物流与司机的QQ、微信群等方式，在线上与客户沟通，帮助客户解决用车疑问，实现了销售业绩的大幅提升，网销比例达到25%。

2. 功夫在诗外

南宋著名爱国诗人陆游告诫自己的儿子，“汝果欲学诗，功夫在诗外”。套用在商用车销售上，就是“汝果欲成交，功夫在成交外”。因此，想邀约目标客户到店来洽谈成交，此前一定要做足准备。那么，有哪些诗外功夫要做呢？

（1）解“用车之急”，让客户成为你的“铁粉”。

现在大部分卡车司机对汽车维修都是一知半解，汽车在路上一旦出点问题，就着急上火。这个时候，如果你能及时出现给予帮助，就是“雪中送炭”，从此以后也就把你当作朋友了。

某卡车司机在外面跑长途时，转向灯突然不亮了，他自己一时也找不到原因，很是着急。于是，他在QQ群发消息求助。某销售员看到后，及时跟他联系，告诉他不要急，让他找到合适的地方停车，检查一下，看看是不是保险丝烧了，或是闪光器、继电器的故障……按销售员提示，司机及时解决了故障。从此，这名司机成了该销售员的“铁粉”，之后给他转介绍成交了多台车。

要做到有求能应，前提是对车辆维修常见问题的解决方法了如指掌。如何做到这一点呢？有个简单的办法，就是将新招聘的销售员，先放到车间三个月，学习并掌握如下内容：

一是学习车辆构造及原理。这些知识虽然书本上也有，但在车间通过实地观摩，理解会更具体与深刻。想卖车必先自己懂车。掌握了商用车的基本构造及机械工作原理，跟客户聊天侃车时，自然能娓娓道来，让人觉得你是行家，进而赢得客户的信任。

二是掌握基础性的汽车维修实操与保养。一个专业的汽车从业人员，一定要具备一些汽车维修实操能力，销售员也不例外。懂技术能让客户更深地信服。如今的汽车市场再也不是卖方市场，没有点真功夫是很难打动客户的。

（2）打进“车圈子”，融入“车窝子”。

俗话说，不入虎穴，焉得虎子。要把车卖出去，首先就是要找到想买车的人，也就是要打进“车圈子”，融入“车窝子”里。熟人好办事，这是中国社会的铁律。发现“车窝子”后，就一头扎进去，经常去“车窝子”拜访，融入“车窝子”，混一张熟脸。好比谈恋爱一样，如果你喜欢上对方，要穷追不舍才能谈成。当然，常去“刷脸”还是不够的，还需要你用心，想客户所想，解客户所急，供客户所需，让客户感到你的真诚、真情与真心。那么，怎么才能快速打进“车圈子”呢？

关键是要找到“车头”。车头就是自己有多台车，有一班兄弟跟着后面干的人。车头往往有相对固定与及时的货源信息，在司机群体里有很大影响力。找到了车头，就等于敲开了“车圈子”的门。找到车头，并与他建立了相互信赖的关系，那么这个“车圈子”找你买车就是迟早的事。当然，你还需要不断通过线下活动，如一起吃饭、喝酒、唱 K 等，融入这个“车圈子”，与他们建立起密切的关系。

除了线下活动，也要通过 QQ、微信朋友圈等线下社交软件与他们经常性互动。比如每天发布与商用车行业、货运市场等方面相关的信息，保持热度，塑造自己的专业形象。同时，要每天关注客户动态，对客户朋友圈进行评论、点赞。在线上，及时为客户解答各种疑问。

（3）做到活动精准邀约。

与乘用车不同，商用车的核心属性是用来生产的。因此，商用车客户不会仅仅因为做活动有优惠就决定买车，促使他买车的原因是他买了车有货拉、有钱赚。从这个意义说，现在很多商用车厂家按新车上市、节庆日等时间节点所组织举办的推介会等活动都没有实质性意义，最后往往演变成了一群人来海吃海喝，然后拍屁股走人，没有成交，随着活动的结束，一切又归零。

举办一场有效的推介会，正确的方式应该是这样的：先要根据对当地货运市场的了解，及时掌握市场需求的动态变化，一旦发现车头有购车的需求动向，就迅速向厂家申请筹办推介会，同时邀约车头及其周边的“车圈子”，如此才能做到有的放矢，一次性实现数量可观的现场成交。

进一步来说，与其搞形式上的大场面推介会，不如在发现当地某行业有新需求的时候，组织小范围的行业洽谈会。这样与客户一对一地沟通，更能响应市场，满足客户需求，并建立长期合作关系。

通过“知己知彼”“功夫在诗外”，完成了信息采集、跟进拜访、日常沟通、把盏言欢等过程，与商用车司机发展成为相互信赖的好哥们，从而能及时掌握他们的购车需求，并能轻松地将他们“邀约到店”。那么，到店之后该如何实现有效的“洽谈成交”呢？

3. 推己及人

商用车销售如何做到推己及人？核心是要换位思考。如果你是客户，希望得到什么样的接待？

（1）以礼待人。

在商用车销售过程中，不少销售员主观地认为商用车客户都是些所谓的“粗人”，往往忽视接待礼仪。比如有些客户来到店里看车，却找不到人，还要主动去找销售员。造成这种接待客户礼仪懈怠的原因，跟商用车市场的销售特点有关。商用车的客户是以货运驾驶为职业的一群人，客群相对稳定，商用车4S店的展厅客流量比较少。对老板来说，养那么多人在展厅，没有人工效率；对销售员而言，反正一天也没什么客户来，也就容易滋生懈怠之意。

行业的不足，在某种意义上就是新的商机。加强商用车销售过程中礼仪接待问题，正是商用车4S店打造差异化，建立商用车经销商品牌的一个非常好的切入点。具体来说，我们可以用三个简单措施来解决商用车展厅的接待问题。

措施一：展厅值班制。保证每天有一名销售员在展厅值班接待客户。无事不登三宝殿，来展厅看车的客户，意向级别往往都比较高。这一点从商用车展厅较高的成交率也可以体现出来。

措施二：进行邀约到店率的考核。商用车客户开发大部分是在外拓中完成的，但要想实现成交，还是要邀约到展厅。只要你能把客户邀约到店，离成交往往就只差一步之遥了。因此，要加大对销售员客户跟踪维护的激励考核力度，其中最重要指标就是邀约到店率。

措施三：对服务满意度进行考核。商用车厂家大多还没有引入第三方满意度调查，这造成商用车经销商普遍忽视客户满意度。要提升服务品质，经销商自身要加强客户满意度建设，比如设立专门的客服部，对销售员服务满意度实施监督考核。

（2）找准关键需求。

如果你是客户，你在选购一辆车时，会考虑哪些因素呢？如何才能买到一辆称心如意的车呢？大体来说，购买商用车的主要考虑因素，无外乎外观、价格、配置、动力、载重、油耗、安全、操控等八个方面。不过，不同行业、不同区域的客户对这八个因素的优先排序是不一样的，不同地域的客户关注点会不一样，需要销售人员进行系统的分析与研究。

4. 真心待客

顾客是企业的衣食父母，企业要珍惜市场，爱戴客户，才能在激烈的市场竞争中牢牢抓住客户之心。那么如何才能切实做到爱戴客户呢？唯有“真心”二字。著名心理学家艾里希·弗洛姆在所著的《爱的艺术》一书里，阐述了爱的四要素，即了解、关心、尊重和责任心。要做到“真心待客”，经销商可以从了解、关心、尊重、责任心四个方面来制定待客之道。

（1）了解

你真的了解用户吗？

- 你能马上报出用户的称谓吗？
- 你知道用户的朋友圈吗？
- 你知道用户的地址吗？
- 你知道用户的生日吗？
- 你知道用户的爱好吗？
- 你知道用户的消费习惯及场所吗？

……

你了解用户的车辆吗？

- 你了解用户车辆的购买日期、车牌号吗？
- 你了解用户车辆的公里数吗？
- 你了解用户常去的维修站吗？
- 你了解用户车辆的维修保养记录吗？
- 你了解用户车辆的百公里油耗吗？
- 你了解用户车辆的加装件吗？

……

如果你对以上问题的答案是否，那么，请你潜下心，好好做做功课吧。

（2）关心

作为商用车销售员，你关心客户了吗？

- 雨雪异常天气，你关心用户了吗？
- 用户生日，你问候了吗？
- 节假日，用户驾车远行，你关心了吗？
- 用户到店，你是怎么接待与照顾的呢？
- 下雨天，你为用户撑伞了吗？

……

你关心客户的车辆了吗？

- 你为用户车辆做保养提醒了吗？
- 季节变化，长途旅行你提醒用户做车辆体检了吗？
- 车辆出现异常，用户是否第一时间联系你？
- 你是否做到准时将车交给用户？
- 你为用户车辆做清洁了吗？
- 你是否准确预判用户车辆故障？

……

（3）尊重

只有尊重他人，才会赢得信赖。或是4S店迫于经营压力，或是缘于企业绩效考核导向，消费者经常会遇到如下现象：

- 不尊重用户的消费习惯，不顾及用户感受地推荐深化保养、加装件等；
- 不尊重用户隐私；
- 不尊重用户的知情权或选择权；
- 不尊重用户的意见或抱怨；

- 回访电话太多；

……

下面就是一个典型的不尊重客户消费意愿的案例：

某客户在某品牌商用车4S店订了一台160马力的中载，回去后听朋友说160马力不够，想换180马力。于是，他回到4S店找销售员要求退订。销售员心想，好不容易卖了一台高库龄的车，能拿到1000元提成，怎能退掉呢？于是，一味地劝说客户不要退订：160马力够用了，底盘驾驶室都是一样的，车子已经从厂家发车了，我们的订金是不退的……总之，就是不给客户办退订。最后，客户将4S店告到消协。

（4）责任心

有这样一个案例：

张师傅跑了一个长途回来，在路上给4S店销售员打电话预约，大概下午5点到店看车。后因高速事故堵车，要晚上7点才到4S店。遇到这种情况，销售人员怎么做，才算是有责任心呢？我们看看以下三位销售的做法。

销售员A：下班前打电话给张师傅，得知张师傅堵在高速上，明天又要跑车的情况后，将张师傅所要看的车型洗好，停到路灯下面，耐心等待张师傅到店。

销售员B：下班前打电话给张师傅，得知张师傅堵在高速上，明天又要跑车的情况后，将张师傅所要看的车型洗好，开到张师傅平时停车场的路灯下面，耐心等待张师傅回来。

销售员C：下班前左等右等，张师傅都还没来，心想张师傅是不是耍我。一到下班时间，马上打卡走人。

面对同一种情况，3 名销售员的做法却很不一样，哪个销售员更体现了对工作及客户的责任心，读者自然清楚。一个有责任心的销售员更能赢得客户的信赖。销售员在与客户的接触中，一定要时时不忘自己的责任心，这是任何话术都做不到的。

5. 水到渠成

如果把商用车销售业务比作谈对象，我们在邀约到店环节的“知己知彼”“功夫在诗外”，相当于男女双方彼此认识，开始交往；在洽谈成交环节的“推己及人”“真心待客”，则是进入到谈婚论嫁的阶段。“水到渠成”就是举办结婚典礼了。那么，经销商如何为客户举办一场“水到渠成”的婚礼呢？

（1）为客户准备好车辆。

车辆一定要是直接出厂的新车，公里数要在合理范围内，零部件都处在磨合期范围内；交车时要扎好大红花，“梳妆打扮”一新，达到马上可上路状态，外加舒适的坐垫、让客户一见到爱车就想开车上路。

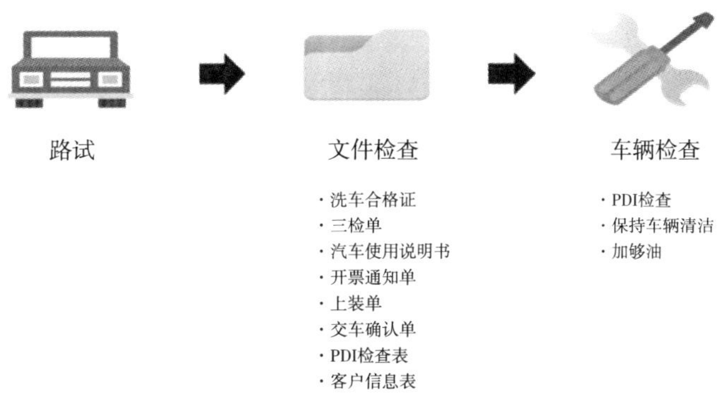

图 2－1　交车前的准备工作

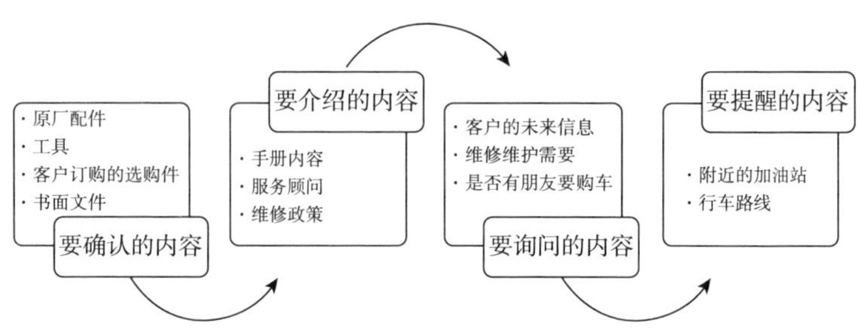

图 2－2　交车时要说明的内容

（2）为客户举办一场热烈的交车仪式。

一场盛大而庄重的婚礼是对婚姻的最好见证与祝福，同样，一场热烈欢乐的交车仪式也是对客户最大的尊重与祝福。举办好一场交车仪式，需要做如下准备：

- 主持人：销售员作为交车仪式的主持人，要清晰交车流程，把控交车节点；
- 嘉宾：客户、司仪，视情况邀请销售总监、服务总监、总经理；
- 道具：交车钥匙、大红花、红地毯、礼炮、鞭炮、赠送礼物等；
- 贺词：道贺及感谢客户；
- 合影留念。

（3）给客户一个安心的售后服务支持。

结婚三天后有“回门”的传统，一为新娘子想家，二为新郎再次登门道谢，让家长放心。这应用到商用车销售也是适当的。要知道，交车是服务的开始。客户提车后，销售员要按节点回访客户，及时为客户提供售后服务支持，能让客户感觉到安心，觉得自己的车有一个稳定的服务支撑。这也让他成为回头客的可能性大大增加。据统计，吸引新客户的成本至少是保持老客户成本的 5 倍，而保持住老客户的关键就是售后服务支持。

24小时内

发出感谢信，附合影照片

打第一个电话，表达感谢并询问新车感受

7天内

打第二个电话，①询问客户对新车的感受；②首保提醒；③新车上牌情况，是否需要帮助；④如实记录客户的投诉并给予及时解决

日常

· 找合适时机拜访客户
· 每两个月与客户联系一次
· 不要忽略平常的关怀

图 2-3　老客户的回访节点

汽车销售大师乔·吉拉德说：“销售的一切是为了爱。”让我们围绕爱的四要素，用好“知己知彼”“功夫在诗外”“推己及人”“真心待客”与“水到渠成”21 字真经，不断创新服务，实现突破。

二、做好商用车行销，从改变人的思维开始

2015 年以后，随着国内经济增速放缓，最重要的领域，如房地产、各种矿业等投资大幅减少，导致工程车市场需求严重下滑，部分区域甚至下降超过了 8 成。“客户到店少了、客户更喜欢比价了、客户选择二手车了、生意不好客户还想再将就用几年、这个月又没成交……”这些是近几年来经销商老板与销售人员的普遍心声。

不过，沧海横流方显英雄本色，只有那些战胜行业不景气的经销商才是真正经营有道的经销商。经营市场如逆水行舟，不进则退。如何在市场需求普遍下滑的情况下，还能让自身业绩保持增长呢？唯一的途径就是千方百计地寻找销售增量点。怎么找？最直接也是最有效的方法就是改变传统的坐店销售，走出店外进行“行销”，增加集客，提升成交的几率。

所谓行销，就是走出店去多找客户促成销售。说得复杂些，就是派出合适的人，走出去熟悉市场，有计划找到足够多的潜在目标客户，并用合理的销售政策吸引客户、管理客户。世间很多事情，都是说得简单做起来难。在现实中，行销的难点在于很多经销商的思维还停留在“坐商”时代，缺乏“行销”思维。要做好商用车行销，首先要做的就是改变人的思维，其中最重要的就是经销商老板以及销售经理。

1. 老板如何做到决策不盲目、工作不瞎忙

（1）以科学研判，防止不当决策。

2014 年下半年，商用车市场从国三转国四之风吹遍大江南北。一些经销商老板认为，这是大赚一笔的好机会，于是利用厂家监控车政策筹集资金囤积国三车辆，并在政策实施之前垫资进行上装、上户。不料遇到经济放缓，房地产等基础建设大幅减少等诸多不利的市场因素，全国工程车销售断崖式下滑，部分专营工程车的经销

商销售同比下降甚至达到九成。一辆辆布满锈迹的库存车，背后承受的是银行融资，不断增加的资金压力让企业生存堪忧。

其实，这种风险是完全可以通过对市场方向的研判预见加以防范的。作为经销商的老板，最重要的一项工作就是对市场方向进行宏观研判，即做战略性思考，在此基础上采取措施防范和主动转型。如果老板能够对国家经济及相关行业密切关注和分析，在投资过剩、房地产库存大幅增加的背景下，先期通过行销等方式实地调研考察分析，完全可以推断出工程车市场的发展趋势。退一步来说，在已经因误判而库存大增的情况下，也还是可以通过营销模式与商务政策调整及有效的行销举措，及时消化库存的。

（2）以制度授权，告别瞎忙碌。

我们在咨询辅导的过程中，遇到过这样一个商用车经销商老板，每次与他进行沟通交流时，都会被频繁呼入的电话所打断，内容大到与客户、合作伙伴高层经理的沟通，小到处理基层销售员的繁杂琐事，一天到晚，忙得昏天黑地。但是，企业的经营状况并不比其他经销商更为出色。究其原因，是作为企业舵主的老板“太忙”，完全没有时间观察并发现公司运营的关键问题，也没有思路系统性分析并完善企业的管理制度。虽然我们多次提醒他这个问题的严重性，但这位老板无奈地对我们说：“想改，没办法，没有人啊。”

可以说，企业如果出现问题，根源大都在老板自己身上。以这位老板为例，之所以忙而无功或者说忙而少功，表面原因是他总是有很多琐碎事务工作要做无法脱身，深层原因则是老板不放心下面的员工，没有建立起授权机制，导致老板做了应该由中层乃至基层员工做的事。久而久之，老板自己越来越忙，但中层经理及员工却得不到成长，该担当的责任也担当不起来。

老板如何才能脱身于琐事，推动企业向行销转型呢？就是通过制度授权交付给合适的人去做。当然，首先老板自己要改变思维；

其次就是尽快建立起合理的管理制度，导入行业中成熟的管理工具（制度、流程）严格规范要求，并推动落地执行；最后，就是加强人员的培训，提升他们的行销实战能力。

2. 如何让销售经理做到不自私、不揽事

（1）建立分权机制，防止出现“人比公司大”的情形。

某经销商的销售经理自学校毕业就进入到该企业，与老板在一起打拼，由于销售能力突出，成果硕硕，并积累了大量的客户。对他来说，通过保有客户的增购或转介绍就能完成销售任务，因此既不需要也不想走出去做行销。

企业要发展与成长，就要拓展业务；要拓展业务，就要增加与培养销售人员。然而，该销售经理却害怕有人超过他、替代他，从而失去老板的关注与重视，一直将客户资源牢牢掌握在自己手中，不让公司招聘来的销售新人分担，也不对他们进行销售方法的培训及销售经验的分享，更不鼓励他们走出去行销，结果造成新人坐店如坐牢，几个月难成交，人员总在不断流失。由于近期市场不景气，原有保有客户订单严重缩量，加上没有新人去开发新市场，基本上没有销售增量，最终使得该经销商的销量同比出现断崖式下滑。

如果用两个字来评价该销售经理的行为，就是“自私”。他基于一己私利，完全没有站在公司全局的角度考虑公司的利益与未来发展。如果你的公司出现这样的销售经理，该拿他怎么办呢？答案还在于公司制度的建设，即通过组织架构的优化、制度的搭建与完善来改变“人比公司大”的问题。具体做法上，可以设立运营管理或总经理助理这样的岗位（可以从现有人员中挑选，专职或兼职），由总经理直接管理，并与销售经理分清岗位职责，主抓公司制度、流程的建立，并监督执行。

（2）优化人才培育机制，带好用好新人。

与上面那位“自私型”销售经理相反，某经销商的销售经理属于“揽事型”，这主要是因为该经销商人才储备缺乏，销售员基本都是刚入社会不久的90后年轻人，大多都没有商用车销售经验，无人可用，所以他得处理从店内到店外的一应事务，甚至客户售后上的问题也经常需要他亲自去处理。这使得他根本无力顾及销售员的业务能力的辅导，以及他们日常销售行为的监督与管理上，结果就是销售员的能力一直得不到有效提高。

要让这种情况改变，就要像前面所提到的要求对老板改变一样，找合适的人分担销售经理的工作，譬如销售经理助理岗位以及有经验有能力的销售人员。具体来说，就是要做好人才的“选育用留”，即通过合适的平台，用正确的评估标准找到尽可能多的人进行筛选，从中发现合适人选。有了人，怎么用好呢？同样按照前面所提到的，用制度管人，用企业文化影响人，更重要的还要有合理的薪酬激励与培训机制。

三、如何构建起有效的行销管理机制

在上一篇文章《做好商用车行销》中，我们反复强调要通过管理制度来管理老板以及中高层管理人员的行为，从而做到企业管理有章法，决策不盲目，防止出现“人比公司大”的现象。那么，该如何构建有效的行销管理机制，以纠正并改变企业中人的思维与行为呢？下面，我们分别从组织架构与机制搭建、目标与计划管理、执行过程监督管控、绩效考核及总结分析等五个层面，结合辅导中的具体案例，提出一些具体的构建有效管理机制的方法。

1. 组织架构与机制搭建层面

有一家在2015年刚成立的小经销商，包括老板在内，共有6名员工，其中有销售2人。由于近两年当地商用车销售较火，加上这家经销商拥有某商用车品牌某个品系的地区唯一经销权，2016年销量节节攀升，2位销售员也忙得不亦乐乎，几乎没有安排行销计划。虽然老板指定其中一名销售员为销售经理并要求组织安排行销计划，但由于没有清晰的岗位职责与组织架构匹配，结果两位销售员还是各管各的，行销成了口号，他们关注的还只是眼前的销售。近期，随着2016年的921新政的落地，该品系商用车迎来了更大的拓展空间，但是由于现在公司管理一直跟不上，老板也不敢多招人，很多好的市场机会因为缺乏有效的行销，没能把握住。

要拓展业务，就需要招更多人员，而有了更多人员，就需要更有效的管理。显然，该经销商的管理还处于初级阶段，销售经理的岗位如同虚设，严重影响到了公司的下一步发展。

如何设计才能让组织架构与岗位职责流程相匹配呢？多数公司采用的方式是，先建立组织架构，再制定岗位职责与流程。表面上看，这没什么不对，但深入分析后会发现，这样设计出来的结果，往往不能适应公司业务发展的实际需求。所以，在设计组织架构与岗位职责流程时，应该从业务的实际需求出发，系统性地将组织架构与岗位职责流程同步考虑，并穷尽相关内外部因素。例如，针对商用车行销管理的组织架构和岗位设计，首先需要对行销目标进行全面调研与分析，内容包括根据市场容量的大小、竞争的难易、行销距离的长短、时间的消耗、人员技能等因素，在此基础上考虑需要多少人行销、专职还是兼职（针对原店销人员）、每个人的行销方向、出行频次与数量、过程要求，等等。如此，才能设计出行之有效，切合现实业务需求的组织价格与管理机制。

2. 目标与计划管理层面

某商用车经销商的销售经理平时只专注于手上老客户的维系，不愿意出去跑市场行销，认为那样很辛苦，而且成交率低。但该经销商的老板非常重视行销，要求销售经理设定行销目标，并坚决执行。然而，在执行过程中，由于对店销和行销的结果数据没有统一界定标准，使得难以有效判断行销活动的效果。为了应付老板的要求，销售经理要求销售团队每月拜访并收集记录50个客户信息，但对目标达成并不做绩效考核。结果可想而知，这样为了做而做，只是在浪费时间，是不会产生什么结果的。

只重视销售结果的目标考核，而忽视过程目标的考核，甚至根本没有过程目标的概念，这就是多数经销商的企业管理现状。显然，如上面案例所示，缺乏对过程目标的考核与计划管理，那么企业的最终目标就很有可能只是停留在年初计划表中，不会变成实实在在的业绩。那么，怎么才能制订出有效的过程目标呢？计划该怎么做才能真正落地呢？

拿这个案例来说，按照潜在客户成交率一般低于1%计算，并且集客三个月才会见效的平均概率，月集客50个客户，三个月可能一台都成交不了，如果定一个月团队集客500个作为过程目标，则将有可能新增销量10台以上。所以，我们对过程目标数的设定，一定要做精准的测算，做到有理有据。

目标有了，更要做好计划的实施落地。经销商可以通过目标倒推，系统性考虑公司有多少资源（如人力、车辆等）、目标市场集客难易、评估并平衡店销与行销的优劣势（别捡了芝麻丢了西瓜），等等。据此详细设定行动计划，合理配备资源，目标分解到人。切记，在计划制定中一定要有完成时间、达成数量、完成标准和责任人等关键要素。

3. 执行过程监督管控层面

江西某著名的汽车物流城内有近千家汽运公司，它们是商用车经销商最主要的客户群体。怎么有效地挖掘这些汽运公司需求，直接关系到经销商销量的多少。然而，我们在辅导当地多个经销商时发现，尽管很多汽运公司的所在地距离经销商只有几步之遥，经销商也有相关的行销任务要求，但很多销售员仍然不愿意走出去，以发现可能的市场机会。

何以如此？具体的原因可能有很多，但根本原因还在于缺乏有效的执行管控。简单来说，监督管控执行过程的主要方法有：

（1）行为管控：外出拜访客户，通过微信群或专业CRM软件（如“深远云”）进行定位、拍照及集客实时反馈。

（2）过程记录管控：是否按要求填写执行过程的工具表格（须合理设计，尽量简化，降低操作的复杂度）。

（3）对过程执行情况的评估：是否达到目标、是否按要求执行、效果如何，等等。

4. 绩效考核层面

要让执行能有效落地，需要有一套基于目标的绩效考核体系作为指挥棒。如果绩效考核体系不健全或不合适，那么执行落地就很难实现。记得有位刚上任的销售经理曾给笔者说，自己的月销量成倍增长，但拿到手的薪资反而减少了，因此考虑是否要继续做下去。问其原因，原来是该公司考虑到销售员之间业绩相差太大会导致收入的明显差距，因此将销售提成强行“平均”了。这位销售经理不仅要承担起销售管理的责任，还背有销售任务，且在公司内销量排名第一，然而，他的收入不增反减。这样的结果，显然违背了绩效考核基本的初衷，起到的是负激励作用。

如何才能设计出合适的绩效考核方案，最大程度上激励员工与团队呢？这要抓住绩效考核的两个关键要素：一是关键考核项（KPI），一是每个考核项所占的权重。

首先，KPI 要素包括结果类与过程类两种，结果类主要是考核最终目标达成情况，而过程类主要是考核执行过程的关键节点成果。其次，每个考核项的权重比例是动态的，需要根据企业一个时间段的具体目标与重点进行及时调整。比如，某个时期市场形势较好，这时要抓住机遇冲销量，就可以将最终销量指标设为权重较大关键指标（当然也可以通过单台阶梯式提成来激励）；如果某个时期，团队的积极性和执行力出现了问题，可以将关键环节过程管理的权重比例放大，以激励士气，提高执行力。

5. 总结分析层面

有句话说，理想很丰满，现实很骨感。这是因为人们在实现理想过程中，总不免受到现实的掣肘。企业管理也是一样的道理。制度规章看起来很完善，但是在执行落地过程中，总是会遇到这样那样的问题，影响企业最终的管理成效。如何解决？很简单，建立常态的总结分析机制。

企业需要总结分析的内容有哪些呢？核心还是与经销商的经营密切相关的一些指标达成情况，如销售经营业绩情况、销售关键过程项的执行、库存管理、应收账款管理、团队建设，等等。

总结分析的周期可分为日、周、月、年及临时。其中，日、周或临时性的总结分析，主要是应对一些突发的需要及时解决的状况，组织相关人员以召开沟通会或例会的形式就可以了；而月、年的总结分析更加注重系统性、全面性，需要定期召开月经营会或年经营会，且公司各岗位人员应全部参加。

四、由内而外，让销售顾问自动自发

很多4S店销售经理抱怨现在“90后”“00后”的员工，特别是销售顾问不好管，他们越来越追求个性自由，对管理者天天在耳边碎碎念感到厌烦。如何有效管理“90后”“00后”这些新生代员工，成为很多经销商企业管理者的新课题。尽管不同年代出生的人，在价值取向上确实存在诸多的不同之处，但有一点是亘古不变的，那就是绝大部分人工作都是为了实现并体现出自己的价值。这些价值体现在工资收入、责任担当及工作成就等方面。管理者可以由内而外，设计出相应的激励方式与措施，让销售顾问能自动自发地工作。

1. 自下而上，让员工自己定目标

不善于给工作制定目标的管理者不是优秀的管理者，没有目标的团队也不能称之为团队。因此，让员工为目标干活，将员工团结在目标下面，就是销售经理的核心工作之一。关键的问题是，如何让员工从内心深处认同企业所制定的目标。没有认同，就没有动力。根据多年的辅导经验，我们总结了一种自下而上的收入期望法，来给销售顾问制定目标。

销售经理需要根据员工的能力现状，从其期望收入入手，引导销售顾问自己算出每月销售目标。需要强调的是，是他们自己算出，而不是销售经理硬性强加。只有如此，才能让销售顾问从内心对目标产生认同感。员工一旦从内心认同了目标，管理者就相当于获得了员工的承诺。一个人一旦做出承诺，就会想办法去实现自己的承诺，这是一种内在的力量，可以促使其自主自发地完成任务，达到目标。

表 2－1　收入预期法定目标测算表

项目	数量	备注
你期望年收入	60000 元	根据当地销售平均收入及销售顾问期望填写，平均月收入＝60000/12＝5000 元
每月基本工资	1500 元	根据经销商情况假定为 1500 元/月
每月销售提成	3500 元	扣除固定工资，每月提成 3500 元
单台车辆销售提成	700 元	根据经销商情况、绩效方案及销售人员能力现状，假定单台车辆销售提成 700 元
每月销售总目标	5 台	如果需要达到期望收入，每月销售总目标必须高于 5 台

如表 2－1 所示，每个月销售 5 台，就是销售顾问基于期望收入的目标承诺。有了这种基于认同的目标，销售顾问也就有了内在强大的驱动力，销售经理管理起来也就有了事半功倍之效。

2. 深挖现实与目标差距背后的原因

在对经销商进行驻店辅导中，我们遇到过这样一个案例。

某经销商的一处网点，有个由 4 人组成的团队，包括一位网点经理、三名从事销售一年以内的销售顾问。公司给该网点定的年度销量目标是 200 台，这里面包含该网点自身的销售，以及一个新开发的二级网点销量。销售顾问小吴上一年卖了 38 台车，小张卖了 26 台车，小王是今年新入职的。该网点经理根据团队收入期望及能力，制订了大家一致认可的目标。小吴、小张年度目标分别为 48 台，小王年度目标为 24 台，二级网点年度 84 台，合计 204 台。也就是说，小吴、小张、小王、二级网点的月度平均销量目标分别为 4 台、4 台、2 台、7 台，共计 17 台。

但实际上，他们新一年度连续两个月销量维持在 10 台左右，与要实现的目标差距很大。为此，该网点经理做了一次详细的分析。他发现，小吴每个月新增 B 级以上（一个月以内购车）客户线索 5 个，小张每个月新增 B 级以上线索 4 个，小王每个月新增 B 级以上线索 3 个，二级网点大概 10 个。如果要实现年度目标，小吴、小张、小王、二级网点的成交率分别需要达到 80%、100%、67%、70%，但实际上大家成交率在 25% ~40% 之间。怎么办呢？网点经理期望通过加强培训的方式，提升销售团队的销售能力。通过培训就能解决问题吗？

答案是否定的。通过分析，我们认为没有找到现实销量与目标销量差距的真正原因。网点经理认为，是销售人员能力不足，导致成交率不够，进而销量完不成目标。但数据显示，他的团队成交率在 25% ~40%，这个成绩算是正常水准，毕竟销售团队入职时间不长。虽然确实还有提升空间，但当前无法要求他们的销售能力一下子提升太多。能力的提升是需要时间进行经验积累的。

实际上，真正的问题出在销售顾问的线索数量不够。成交率既定的情况下，线索越多，成交数量相应也就越多。为什么他们的线索如此有限呢？是他们的销售模式有问题。三名入行不到一年的销售顾问，手头上本来就没有多少老客户，加上平时主要待在店里，外拓也仅限于在周边物流园发单页，能获得的新的销售线索自然也就很有限了。讲到这里，该网点经理有恍然大悟之感。

这个案例告诉我们，一旦现实与目标出现较大的差距，我们应该深挖造成这种差距的真正原因，从而找到最有效的解决方案。对照目标找差距不仅是一种工作方法，更是一种思维方式。

3. 紧紧围绕销售渠道做工作计划

对于商用车销售而言，意向客户主要有四种：展场接待客户（含来电来店）、市场外拓客户、老客户再购或转介绍与留存客户。

一般而言，老业务员主要靠老客户再购或转介绍，店销人员主要靠展场接待，行销人员则主要靠外拓。

若某销售顾问月度销量目标定为 5 台，他每个月展场接待新增意向客户成交 1 台，外拓意向客户成交 1 台，老客户转介绍成交 2 台，留存意向客户成交 1 台。假定他展场接待、外拓客户、老客户转介绍、留存客户的 C 级及以上（2 个月内购车）成交率分别为 30%、10%、50%、20%，那么他四种渠道 C 级意向客户的线索数量分别需要达到 6 个、20 个、8 个和 10 个。据此，这名销售顾问应该很清楚该投入多少天展场接待，多少天行销外拓，该花多少时间用以维系老客户，该如何跟进留存意向客户。对于销售经理来说，很容易让团队就目标达成共识，也很容易为团队制订每周的工作计划。

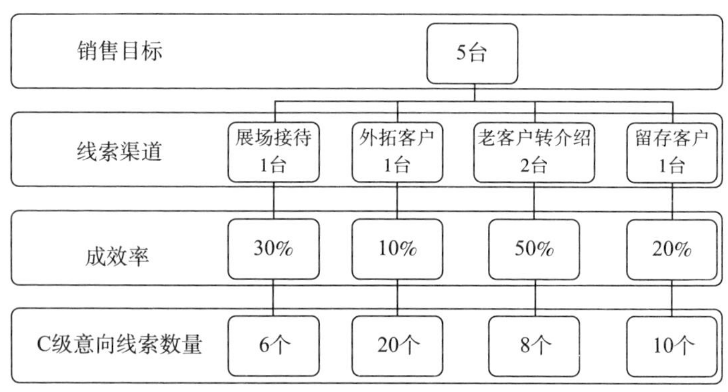

图 2-4　月度工作计划目标分解图

在实际的销售管理过程中，确定目标与目标制所面对的问题，要比本文分析的情形复杂许多。但是，分析问题与解决问题的逻辑是不会变的。首先，必须确保目标是团队发自内心认同的。从收入期望角度入手，能够确保目标是自下而上的，是相对合理的，是团队认同的。其次，在目标与达成之间存在差距时，需要由表及里，层层挖掘，正确地分析问题，确保能够找到根本原因，正所谓“找得准差距，才悟得透本质”。最后，从造成问题的根本原因出发，制定有效的解决办法，并形成具体的行动计划。这样不仅能增强员工的内在驱动力，销售顾问与销售经理的关系也会更融洽，进而产生更具催化效应的“化学反应”，引爆公司的销售。

五、开发物流园客户的八字诀

在辅导过程中，有一位资深商用车销售人士曾跟笔者说，谁要是能在五年前预见第三方物流的兴起，并专注于该行业，成功开发行业领军企业客户，那他现在的日子就好过了。这话或多或少流露出了部分商用车销售人员的“遗憾”，但也折射出了他们心中的困惑，那就是如何有效快速地开发物流园的客户。

1. 物流园商用车销售的五大难点

难点之一：专业市场难拜访。一些专业市场拜访时间比较特殊，如新鲜农产品市场，往往要等到晚上客户才有时间。

难点之二：物流公司的关键人难找。物流园里车来车往，人员混杂，工作繁忙，虽然有一大批专线公司与配货公司，但要找这些公司的主要负责人往往很难，因而无法获取关键信息。

难点之三：沟通时间难把握。物流公司负责人上班时间不固定，车主或司机的出现时间也相对不固定，沟通机会有限，效果也难以保障。

难点之四：找车容易找人难。物流园普遍车多人少，车主或司机要么在宾馆休息，要么出去办事，等配满货又要赶路，另外物流园外地车辆多，在本地购车的意愿不高。

难点之五：客户需求难统一。物流园既有散户，又有物流公司，运输线路也不固定，运距也不一样，因此对车辆需求都不一样。

相信跑过物流园的销售人员，对以上困难能感同身受。不过，常言道，办法总比困难多。在我们所辅导过的经销商中，不乏在物流园开发中取得卓著成效的人士。东莞一名商用车销售人员，早年刚开始从事商用车销售时，他就选准了物流园作为突破口，以坐公交车的方式，拜访了东莞大朗镇、高步镇、黄江镇、樟木头镇等主要物流园。功夫不负有心人，他最终逐个突破了这些物流园，目前获得与维护的零担物流、专线物流客户上百家，其中还有几家全国领军的物流企业，个人每年销售量至少在 200 台以上。开发物流园客户，只要方法得当，持之以恒，相信一定会取得突破。

根据多年的辅导经验与研究，我们总结提炼了物流园客户开发的八字诀，即“分类、解构、拜访、维系”。

2. 分类：让对象更聚焦，让目标更清晰

要开发物流园客户，首先就需要对物流园的类型与特点进行分析。物流园区类型不一样，其构成主体、运输线路、运输标的物、载重量、工作时间也就不一样，就要用不同的方式对物流园进行开发。一般而言，可以从以下三个维度对物流园进行分类：

（1）按物流服务地域，可分为：国际性物流园区、全国性物流园区、区域性物流园区和城市物流园区。

（2）按服务对象，可分为：生产企业服务的物流园区、为商业零售业服务的物流园区、面向社会的社会型物流园区。

（3）按主要功能，可分为：配送中心型物流园区、仓储型物流园区、货运枢纽型物流园区。其中，枢纽型物流园区又包括港口物流园区、陆路口岸物流园区、综合物流园区。

在此，我们主要探讨的是全国性或区域性的综合物流园区，且以面向社会的社会型物流园为主。在这类物流园区里面，需要拜访的人群与客户主要包括以下几类：

（1）运输个体户：可以说，他们是商用车最主要的一类客户群体。他们往往自有一台或更多（一般五台以内）的车辆，一般挂靠在当地的运输公司从事货运，长期与物流配货点合作，作为物流配货的运输外包承运商。除了自己跑车外，他们可能还会聘请至少一名司机或同伴。

（2）有货源、有车辆的物流公司：这类公司能够自营物流配货，同时购买了至少一台车辆从事运输，一般外聘司机。

（3）有货源、无车辆的物流公司：这类公司具备物流的一手行情及合作车队的一手行情，长期与运输个体户进行合作，长期给合作的运输个体户提供货源，而且货源一般相对固定在一条路线上。

（4）还有两类重点的拜访对象，一类是司机中介，他们能够给司机提供娱乐、休息场所，拥有司机信息、部分货源信息，有些还具备配货站功能，他们一般没有车辆，自身购车的可能性也很低；另一类是配货装卸工，他们对周边物流公司信息非常熟悉，一般也乐于与人交流。

3. 解构：全面分析物流园收发货模式

从图 2－5 可以看出，物流园区承担货物的集散地功能，即收发货。按照收发货的运距不同，主要分成三种：

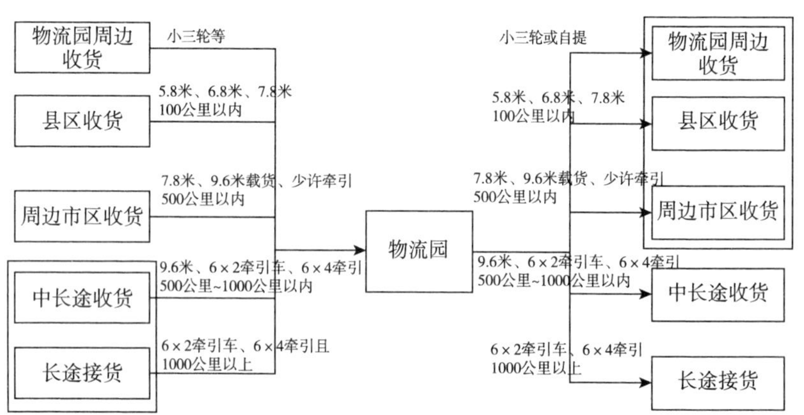

图 2－5　物流园收发货模式分析图

（1）市内县区收发货运输。

运营特点：以物流园为中心，运距在 30km ~ 100km，车型以 5. 8 米、6. 8 米高栏、厢式载货车为主。此类客户一般每天往返一趟，每月出勤 26 ~ 28 趟，每天上午 11：00 之前收满货，然后运送至县区，逐一进行发货，正常情况下下午 5 点左右完工。车主一般需要向发货方先垫付货款，然后从收货方收取。

购车模式：以散户为主，也有专业的物流公司，月收益 8000 元～10000 元/车，客户有转向 9.6 米、牵引的可能，但换车周期较长，而且最终选择二手车的比例较高。

（2）周边市区收发货运输。

运营特点：以物流园为中心，运距在 100km～300km，车型以 7.8 米、9.6 米仓栅、厢式载货车为主，也存在部分牵引车（500km）。此类客户往返一趟为 2～3 天，由物流园配完货前往目的地，以国道、高速为主，车主运输路线相对固定。

购车模式：此类客户一般是小型物流公司，自有车辆 2～3 台，部分为散户、专业物流公司，月收益 10000 元～16000 元/车，货源稳定的客户倾向于自有车辆或亲戚购车。

（3）零担配货专线运输。

运营特点：以物流园为中心，运距 500 公里以上，以中长途散配货为主，车型有 9.6 米载货、6×2 牵引车、6×4 牵引车，往返一趟为 5～7 天，以高速为主，车主运输路线不完全固定。

购车模式：物流公司自有车辆占 40%～60%，公司规模大小不等，规模大的多达 30～40 台车，规模小的只有 3～4 台车，月净收益 15000 元～20000 元/车，一般物流公司牵引与载货的车辆配比为 1∶3。

4. 拜访：三大步骤，实现销售从0到1

硅谷创投教父彼得·蒂尔在所著的《从 0 到 1》一书中认为，任何伟大创新的难点在于从无到有，而不在于复制。同样，物流园客户开发也一样，如何敲开第一家公司的门，如何获取第一个意向客户，如何销售第一台车，每个“第一”都是开发一个物流园市场的关键性节点事件。

（1）步骤 1：关键信息筛选。

面对一个新的物流园，首先就是通过常规拜访，收集运输公司、客户、车队等的意向信息，之后筛选出关键信息，即物流公司的老板或经理、车队长、自有车辆运输公司、能够提供货源的公司、购车意向明确的客户等。实践证明，两人一组跑物流园，每日能够按照要求登记20个客户，意向率在5%～10%。

（2）步骤2：重点客户拜访。

重点客户一般有三大类，即具有一定认知基础的保有客户、意向客户、自有车辆物流公司。这三类客户，每个月至少要有一次拜访，在拜访过程中需要找到关键关系人并实现突破，他们是需要维系的重点客户。

（3）步骤3：重点客户突破。

在重点客户维系过程中，需要聚焦意向客户，整合多方资源快速实现0到1的突破。一旦实现突破，后续才可能通过以点带面方式，建立起该物流园的朋友圈。如果要实现从1到N的突破，还需要把自己打造成权威，在物流园形成影响力。

5. 维系：建立物流公司长期合作关系里程碑

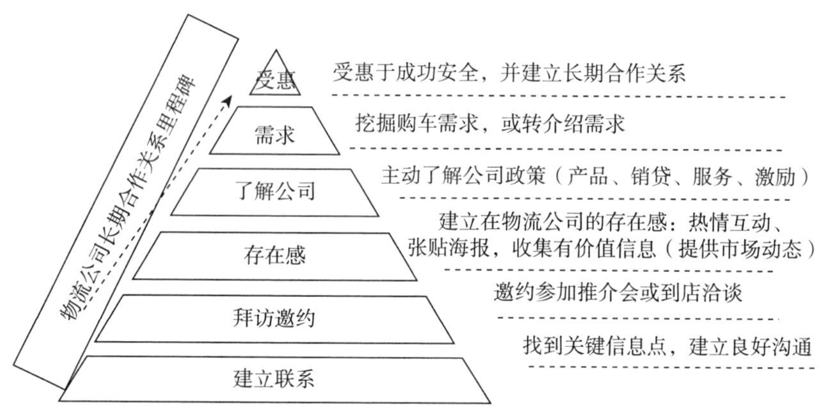

图2－6　物流公司长期合作关系里程碑图解

对于单个物流公司而言，从最初的接触至最终的长期紧密合作关系，要经历一个相对漫长的过程。

建立联系是双方合作的基础。如何才能建立起联系呢？首先就是在正式接触客户前，尽量掌握客户的相关信息，然后就是正式拜访接触，与客户进行沟通。为了达成更好的沟通效果，初次沟通可以从共同话题或经历入手，比如问问是不是老乡，有没有什么共同爱好或经历，这些将有助于消除初始的心理戒备，为良好沟通奠定基础。

与客户建立起初步联系之后，下一步就是创造机会进行深度拜访与邀约。应尽可能邀约客户参加公司组织的推介会或其他活动，以及到店洽谈沟通。如果客户不是冲着奖品而来到店里或参加活动，则可以判断客户具有一定的购车意向。那么，就要与之保持常态化的拜访，即“刷存在感”，也就是寻找机会，与客户进行多频次接触与互动，在客户心中扎根。其中，市场走访互动、张贴海报、提供市场动态等是常用的接触与互动方式。

一旦客户开始主动向你了解公司、了解产品配置及卖点、了解服务能力、了解消贷政策，甚至了解转介绍的酬谢方式的时候，就表明客户具有相当明确的购车意向，并对你的公司及产品很有兴趣。如果在这个过程中，你能始终让客户对你保持信任，那么生意就是水到渠成之事了。一旦达成了首次交易，那么就实现了从 0 到 1 的实质性跨越，为未来的长期合作奠定了坚实基础。

现实中，很多销售人员感觉自己付出了很多努力，但受众转化不成订单或销量，为此感到困惑。其实，物流园客户开发与市场拓展的难度并没有很多人想象的那么大。据我们的观察，成功开发了物流园客户的销售人员，销售能力并不是最突出的，但一定是最能吃苦、最能坚持的人。其绝招就是把简单的事情做到极致，日复一日，坚持不懈。我们相信，只要按照“八字诀”坚持不懈地让自己真正沉到物流园，一定能实现从 0 到 1 的突破，实现销量节节高。

六、提高产品价值感的六种营销策略组合

很多品牌的汽车 4S 店的销售管理者经常会听到销售员反馈说，因为价格定得太高所以客户才不买。不过，当管理者接着问道：“那么客户要什么价能成交？放到这个价能成交吗？你能成交多少？”面对这些问题，销售员通常哑然以对。

1.“高价”不是卖不好的借口

客户真的是因为产品价格高而不买吗？要回答这个问题，还得从商家的定价策略说起。

一般而言，商家的定价策略采用的都是竞争定价法与心理定价法相结合的方式，即在定价时同时考虑到其他竞争品牌的同品类同档次产品的价格，和自身品牌在消费者心目中的认知价值。在汽车行业，很多时候同品类同档次的不同品牌汽车会有 1 万元左右的价差，其中在消费者心理定位较高的品牌会比中等档次的品牌贵 1 万元左右，而心理定位较低的品牌则会便宜 1 万元左右。这就给很多不明就里的消费者带来一种困惑，产品都差不多，为什么你的汽车要比别人贵上 1 万元，甚至是 2 万元？消费者购买时的心结往往就产生于此。面对客户对价差的质问，很多销售员无法正确应对，结果不能实现成交。当主管问起不能成交的原因时，他们就会说，“客户是因为价格太高而不买的”。

但真的是这样吗？答案是否定的。更重要的原因，是销售员没有让顾客清晰地认识到价差背后的不同价值所在。我们知道，就是同一个厂家的同一型号的产品，因为配置版本的不同，价格差异也是很大的。比如汽车往往会分为舒适型、精英型、豪华型、旗舰型等几个版本，每个版本之间也有近 1 万元的差价。而根据销售数据统计，价格居中的精英型、豪华型的销量一般能占整个车型销量的 80% 以上。这就说明，在做购买决策时，消费者是不会因为产品 1

万～2 万元价格差就不买了，关键还在于是不是能让顾客感知到价差背后的价值所在，即能不能说出“贵的道理”出来。

2. 用营销组合策略打消顾客顾虑

那么，如何才能解决消费者关于价格的心结呢？核心在于让顾客获得足够的“价值感”。具体而言，就是充分研究客户的心理与需求，在此基础上，设计出相应的营销策略组合。在汽车营销中，常见的营销策略组合主要包括以下几种。

（1）智能科技组合

这种组合满足的是对智能化、科技化要求比较高的年轻消费群体，组合形式主要是将相对低配的产品进行智能化包装，比如选装倒车影像、导航系统、行车记录仪、一键启动、远程遥控启动，等等。

（2）经济实惠组合

这种组合满足的是讲究经济实惠的群体，组合形式主要是提供最优“包牌价”，其中含保险、按揭、装饰、上牌等一系列服务。对于这种群体，经销商后期可以通过持续提供水平业务，挖掘客户价值。

（3）时尚潮流组合

这种组合满足的是赶时髦的年轻人，组合形式主要是通过个性化改装，包括外形改装、动力总成改装等，以彰显独特性，满足不同的个性需求。

（4）服务延伸组合

这种组合满足的是注重产品性能且对服务有很高要求的消费人群，组合形式是为顾客提供“产品＋延保＋保养＋三包期服务”一体化解决方案。经营 4S 店，售后服务是重要的利润来源点，因此一般不会折送汽车的保养服务。其实，如果客户不买你店里的车，保养服务也就无从谈起；即使买了车，保养也可能会流失到其他的快修店。因此，根据顾客的特点，将保养服务进行整体打包，折送给客户，可以大幅增加客户接触机会，从而增加其他的可能客户增值空间。

（5）社交身份组合

这种组合满足的是对社交身份有强烈认同需求的消费群体，组合形式是送客户各种会员卡，比如车友俱乐部贵宾卡、××会所贵宾卡、××温泉度假酒店体验卡……不过，这种策略组合需建立在对车友俱乐部的成功经营或与知名品牌的异业联盟的基础上，很考验经销商的资源驾驭与整合能力。

（6）朋友圈营销组合

这种组合主打的是那些朋友圈（含亲戚朋友、单位同事）很多人有购车需求的客户，具体方式就是如果某客户能找到朋友，在限定的时间里买一定数量的车，就可以享受到多少优惠。

总之，价格高很多时候并不是客户不买的原因，而是因为没有深度挖掘与掌握客户的真实需求。作为销售管理者，应该根据客户的不同需求，有的放矢地策划营销组合，给客户提供合适有效的“价值感”。

七、客户常见托词背后的真实需求

在销售过程中，我们会发现这样一种情况，客户在一时难以做出购买决策时，总会拿出一套托词来应付销售人员，比如，“我再考虑一下”“太贵了”“能不能便宜点”“别的品牌更便宜”“预算还没到位”，等等。不同的托词，折射出的是顾客不同的心理动机与真实需求。在这个意义上，销售其实就是销售员不断拆解客户托词，以挖掘客户真实需求，最终实现成交的过程。

下面，我们将拆解几种客户常见托词，并给出具体的应对方法。

1. 当客户说：“我再考虑一下”

在这种情况下，客户通常是有购买意向的，但购买信心不够，还没形成倾向性选择。此时，销售员一定要紧盯着客户，通过进一步询问，挖掘客户更深层的心理需求，比如可以这样进一步追问：“先生，您还要在哪方面需要考虑一下，看看我能不能给您一些专业的建议。”客户通常会有以下几种回答，而不同回答折射出不同的心理需求：

（1）“我还要再看看”

客户对产品感兴趣，但内心还在和竞品做对比，不知道孰优孰劣，害怕过早决策会后悔。这时可以邀约客户参加一场深度对比试驾，在对比试驾中建立客户的购买信心，促进客户的购买决策，而这需要销售员和试驾专员对竞品的优劣势了如指掌，能为客户提供切实可信的依据。

（2）“我还不确定”

客户对产品感兴趣，但是还没弄清楚你的产品的某个重要细节，比如某个新配置。这时销售员可放低姿态，以自我批评的方式说：“先生，是不是我刚才没向您解释清楚车子的性能，要不您试乘试驾，亲自体验下车。”

（3）“我回去商量下”

这种客户往往没有完整的决策权。这时销售员要懂得及时邀约，获得客户进一步承诺，可以这样回应：“好的，您什么时候有时间带您太太一起来，试驾体验下我们的这款车。”

2. 当客户说：“太贵了”

当客户说太贵了，是他（她）害怕买亏了，同时也是作为讨价还价的筹码，想得到更多实惠。没有一个消费者买东西不想又便宜又好，不过俗话说，只有错买的，没有错卖的。在购买像汽车这样的大宗商品时，客户谨慎是必然的。因此，销售员不要害怕听到客户说产品太贵。相反，嫌贵是客户对产品感兴趣想要购买的信号。

顾客为什么会嫌贵？是因为他（她）没有搞清楚产品贵在哪里，到底值不值？这时候销售员可运用：

- 价值对比法——与竞品相比好在哪里。
- 价值拆解法——将产品进行价值拆解，说明诸如发动机、变速箱、底盘、车身架等价值点。
- 成本折算法——可以将购车的成本与后期用车、养车成本进行打包，然后除以使用的总频次，将大的支出转化为小的支出，降低消费者的敏感度与痛苦感。就像银行给信用卡算利息时，年息可能高达 11.80%，但是只告诉客户日息只要 0.05%。

3. 当客户说：“能不能便宜一些”

这种讨价还价的顾客，释放的并不一定就是真的想要购买的意愿，可能只是以这种试探性砍价的方式，给自己找放弃成交的借口和台阶。这时候，销售人员千万不要一厢情愿地与客户进行价格谈判，而是要进一步确定顾客的购买意向。可以通过如下问题反问客户，来判断其真实心理：“您了解过这款车的发动机（或变速箱）技术吗？您了解过它的油耗吗？”如果客户对这些核心价值点没有表现出兴趣，则基本可以判断这个客户是来“打酱油”的。还可以这样问："您想要便宜多少才会买?"如果客户答不上来，或答案偏离常理，则可以断定其目前根本还没有购买意向。

4. 当客户说："别的地方更便宜"

当客户说"别的地方更便宜"，其购买意向已经很清晰了，这样说是希望商家能给出更多的价格优惠。怎样才能妥善地应对客户的这种要求呢？一般来说，大部分客户在做购买决策的时候，关注三个内容：一是产品品质，二是产品价格，三是售后服务。医生需要对症下药，销售人员也可以根据客户的关注点，进行有效的说服。

对于价格与品质问题，可以说："××先生，您说那边便宜，我不知道是不是因为那是低配车的加装版，不过我保证我们这款车的配置都是原装的。原装配置品质更好，故障率低，有很好的售后服务保障。如果同样是原装同款配置，那边绝对没我们便宜，因为我们公司是战略经销商，从厂里得到的价格优惠是最多的，给客户的价格也是最实惠的。"

对于售后服务问题，可以说："先生，××地方价格确实是要便宜点，但相关法律规定，经销商是产品三包服务的责任主体，如果产品到时真出了点问题，您就得去××地方找。这样做，不仅成本更高，还耽误赚钱的时间。所以说，还是在属地购买，在售后服务上会更方便，更省心。"

5. 当客户说："预算还没到位（没有钱）"

当客户这样说时，大致有两种情况，一是当下真的是资金短缺，预算不足，但是想要买车；一是其实是有预算的，但没有下定决心要买。

如果顾客虽然暂时资金没到位，但具备还款能力，销售人员可向顾客推荐"零首付"等融资方案，既解决了顾客当前资金不足的困境，又满足了顾客的购车需求。

如果顾客有经济能力，且具备资金条件，那往往表明客户不打算在你这里购买了。这时，不要急着放弃，更不能因此而慢待顾客，而是要搞清楚顾客托词说没钱的背后真实理由。可以这样说："先生，生意不成情谊在。我想知道是不是我对您的服务不周到，还是您有别的考虑。如果是我的服务不周到，我一定改进，以便我为更多顾客提供更优质的服务。"诚恳地向顾客征询意见，即使客户真的放弃购买了，也能给客户留下一个良好的印象。

八、让老卡车司机成为最好的销售员

我们在对商用车经销商驻店辅导时，发现一个共性问题，那就是：招个销售员难，留住一个好销售员更难。由于商用车的专业性，每位新人都必须经过较长时间的传帮带才堪用，而原来能力很强的老销售人员往往又不愿意帮和带，因为担心抢走了他们自身的客户。所以，很多新人难以在短时间内学到足够的销售知识，做不出业绩，觉得工作没前途而离职。这使得很多商用车经销商常年面临着人才短缺的问题，企业的业绩也因此受到很大的影响。

那么，怎样解决销售人员短缺与不足的问题呢？相信下面这个案例能给我们一个很大的启示。

2014 年春节过后，某经销商又面临销售人员流失的问题。由于公司基本薪资较低，一时难以找到合适的人，怎么办？当时，刚好有两位因长期开车造成伤病的卡车司机前来应聘，一时也找不到更合适的人，老板有点勉强地招了这两位卡车司机来做销售员。刚好，我们深远顾问的辅导团队也几乎是同时进驻该经销商进行培训辅导。通过一年多的辅导和观察，我们发现这两位卡车司机的销售能力提升非常快。即使在市场最不好的 2015 年，其中的一名卡车司机，月均销量居然达到了 7 台以上，占该经销商总销量的 1/3 之多。

对这个结果，该经销商老板在大跌眼镜的同时，更是喜出望外。不过，作为辅导老师，我们更想探究这个成功案例背后的原因，总结经验，为更多的经销商提供可借鉴的思路与方案。

不难看出，这个案例给我们最大的启示，就是用好老卡车司机做销售人员，是解决经销商人才短缺的一个可行且非常有效的途径。

1. 让老卡车司机做销售的优势

简单来说，老卡车司机来做商用车的销售，具有以下天然的优势：

- 卡车专业知识丰富，只需做较短时间的销售培训，就可以上手。
- 有一定的年龄和社会阅历，容易与年龄相仿的卡车司机客户沟通，增加关系黏度。
- 熟练的卡车驾驶技术易于带领客户试驾体验，引导成交。
- 多年的长途奔波培养了他们吃苦耐劳的精神，非常有利于相对艰苦的行销工作。
- 在行销中，能很快找到目标市场，也容易从原有的卡车司机圈子里找到客户。
- 多数已婚生子，家庭稳定，无后顾之忧。
- 除了销售工作之外，企业还可以利用其驾驶技能参与巡展、车辆调拨、维护检测等。

常年的奔波辛劳，加上国家宏观经济的转型，将来会有越来越多的老卡车司机寻求转行。这对商用车经销商来说，是一个非常重要的人才宝库。当然，多数卡车司机要求的薪资待遇比较高，因为他们可以作为车辆驾驶员、维护检修人员等，创造额外价值。不过，他们本身还有诸多不足之处，比如没有销售经验、缺乏管理与团队合作意识等。因此，并不是所有的卡车司机都可以成为一名好的商用车销售员。这就需要建立一套有效的司机选聘机制了。

2. 如何选出适合做销售的老司机

选出适合做销售的司机，是用好这一人才资源宝库的第一步。那么，去哪儿找适合做销售的老司机呢？简单来说，主要有以下 4 个途径：

- 最传统的办法，是从相关人才招聘网站、人才市场等渠道招聘。这种方式往往面试人员会很多，但是效率比较低，招聘到合适的卡车司机需要百里挑一。

• 在经销商的保有客户中寻找直接或间接（转介绍）的人选。这样做，往往还可以增加与客户的关系黏度，因为这些司机原本就是这些客户的员工，更能与他们沟通关系。

• 在行销拓展收集潜在客户信息过程中寻找合适的人选，这需要营销人员本身具有这种意识，需要企业有相关激励考核制度，比如成功找到一名合适的人选，公司给予多少奖励。

• 如果经销商有独立售后、物流车队等水平事业，也可以从这些业务中发展合适的卡车司机成为销售人员。

什么样的卡车司机才适合做销售呢？这可以参考人力资源方面相关的指标，比如性格、家庭、稳定性、客户资源、沟通能力、团队协作等。需要注意的是，经销商应选择合适的人员进行面试，如果老板自己面试那是最好的。

3. 怎样用好卡车司机以发挥他们的最大价值

对于个人来说，从卡成司机转变成商用车销售员，不管是身份还是工作状态，都是一次重大转型，而转型的效果又直接决定了他们对企业的价值贡献。因此，经销商需要为他们提供专门培训，帮助他们成功实现角色转型，以便充分发挥他们的潜在价值。简单来说，需要给予这些老司机如下的培训与支持：

• 产品培训：对他们做主销产品和竞品知识的系统化培训，并帮助他们梳理原有的技术知识与技能。

• 销售技能培训：很多卡车司机有丰富的与客户沟通的经验，但比较随性化与碎片化，因此还需要在销售理论与专业技巧上，给予他们指导和训练。

• 行销实施支持：就是让卡车司机能运用合适的销售管理工具走出去找到目标市场与客户，提升工作效能。

• 检核、分析与总结：在试用期阶段，须及时对卡车司机的基本销售能力进行验证，这样做的目的一方面是判断转型的效果，找到最合适的人，另一方面也是帮助他们成长。具体操作方式就是让一起合作的同事进行评估。

• 挖掘他们的更大潜力：主要是利用卡车司机之前的司机关系网和朋友圈，找到更多的意见领袖，通过微信群等方式聚焦目标客户人群，做到精准的圈层营销。

简言之，让老卡车司机成为最好的销售员，需要做好他们的“选育用留”的工作。另外，还有最重要的一点，是要运用好规范化销售管理方法。

再回到本文开头提到的案例，那位之前是卡车司机的销售员之所以能够创造不凡的销售业绩，一方面是他本人的努力，比如他会对自己每一位客户都建立详细的档案，甚至包括客户的头像照片；另一方面也跟该公司有相对完善的销售管理制度有关，比如他们坚持要求销售人员每个工作日下午拨打一定数量的客户电话，以维系关系、挖掘需求，这些动作都会成为考核销售人员的硬性指标。

九、如何做好商用车的“网销”业务

很多消费领域，从图书到服装，从3C数码到大家电，从日用品到奢侈品，都已经迈入互联网消费时代。这些行业，互联网销售早已跨过了培育阶段，已经成为主流销售渠道。但是作为大额耐用消费品的汽车产业，尤其是商用车领域，对于如何触“网”还处在探索期。在新经济时代，如何用好互联网，成了很多主机厂商与经销商急需解决的问题。

1. 商用车销售互联网的现状

（1）商用车行业比其他行业互联网要慢上大半拍。

之所以慢上大半拍，有四个主要原因：首先，商用车售价较高，尤其是中重卡，消费者对于这类商品的决策难度大，反复权衡选择；其次，当前，我国卡车的消费群体，还是以散户为主，企业客户为辅，而他们对互联网信任感还不足，不放心网上销售，更愿意在线下实体店进行体验、感知，然后购买；再次，卡车销售涉及售后服务，对主机厂、经销商的持续服务依赖度非常高；最后，很多客户对产品的诉求并不是很清晰，还需要与厂商专业人员进行面对面洽谈与沟通，才能买到最合适的卡车。

尽管商用车的网上销售有着诸多阻碍因素，但作为一种辅助的销售模式，已经为诸多厂商与经销商所采用，具体的方式我们将在本文后面做具体陈述。我们认为，随着互联网经济的持续深入，商用车主机厂与经销商的互联网互动将是大趋势，卡车网上销售的比例也将会持续提升。

（2）经济越发达地区，卡车的网络销售比例越高。

整体而言，长三角、珠三角等东部区域商用车的网销意识与行动实践远远走在其他区域之前。我们辅导的广东区域经销商，70%以上都有网络销售人员、合作网站等，尤其是广州、深圳、东莞、佛山等区域。同样，浙江区域经销商，这一比例也超过 60%。而青海、甘肃、新疆等区域，基本还是空白状态。

（3）当前企业客户是网销的主力军，但散户比例快速上升。

根据我们的调查分析，目前网络销售成交的客户中，企业客户占比 60% 以上，不过散户的比例呈现快速上升的趋势。

2. 网销潜在客户的分类

第一种为询价类客户。这种客户对互联网有较好的认知，也是比较“挑剔”的客户，他们在线下就喜欢到处询价，现在更喜欢通过网络途径进行询价，他们主要以询价为主，没有确定的购买意向。针对这类客户，销售人员需要有敏锐的洞察力，在沟通过程中不断确认购车意向，更要把握一个原则，那就是不要轻易报价。

第二种为散户。他们也会询价，但不是上述所说的询价类客户，大致有如下特征：年轻，愿意接受新东西，信息掌握较多。针对这类客户，也要做到不轻易报价，如果要报价，最好采取折中报价策略，即不能报高价，也不要直接报底价。同时，在跟进过程中，根据客户情况，可邀约到店洽谈或主动拜访。

第三种为企业客户。这类客户的购车需求往往比较紧急，对品牌也有相对明确的意向，负责联系的人员一般是公司采购的负责人。对这类客户，在跟进过程中，可采取较高的报价策略，这样更便于后续洽谈及客情维系。

3. 商用车网络销售的几种主要形式

目前，绝大部分商用车经销商都是通过一些行业性网站与平台进行网络销售，主要有以下几类：

（1）以“卡车之家”为代表的全国性、专业媒体平台。

目前，这是商用车主流的互联网销售方式。沿海区域的经销商大部分都采取了这种方式，成效不错，每年的成本大致在 2 万 ~5 万元。具体操作方式，就是经销商像在淘宝一样开设店铺，设置专门的版面进行产品展示，客户能看到经销商电话等联系方式。

据东莞某经销商负责人说，每个月通过该渠道获取的线索至少30个以上，每月成交量在3台～5台车。根据佛山某经销商反馈，他们每个月通过“卡车之家”店铺获取的销售线索也有近20个，每年成交20多台车。

东风天龙重卡 推荐经销商　东莞市　　经销商不全？信息有错误？我来添加/纠错

省份：全部　北京　天津　河北　山西　内蒙古　辽宁　吉林　黑龙江　上海　江苏　浙江　收起
安徽　福建　江西　山东　河南　湖北　湖南　广东　广西　海南　重庆　四川　贵州
云南　西藏　陕西　甘肃　青海　宁夏　新疆　台湾　香港　澳门

分类：广州市　韶关市　深圳市　珠海市　汕头市　佛山市　江门市　湛江市　茂名市　肇庆市
惠州市　梅州市　汕尾市　河源市　阳江市　清远市　东莞市　中山市　潮州市　揭阳市
云浮市

经销商名称	车型报价	联系方式	报价日期
东莞市××汽车贸易有限公司　第3年 地址：略 促销：直降7千 东莞东风天锦危化品运输车促销 厂商授权	电询	4008937895	暂无

图2-7　东莞某经销商在“卡车之家”的店铺

（2）以“赶集、58同城”等为代表的生活服务平台。

这类媒体平台以二手车交易为主，卡车整车虽也有涉及，但整体销量、客户线索质量不高。在这类媒体平台上，以公司层面进行注册及维护的经销商较少，主要是销售员以个人名义注册，他们通过浏览二手车交易信息以获取部分销售线索。

（3）以“全球五金网、机电之家”等为代表的网站平台。

这类网站平台的主要行业对象并不是卡车经销商，但有部分商用车的客户，如工厂类客户在此注册。更为重要的是，在这个网站注册店铺后，在网络上，搜索该经销商的相关“关键词”时，可以在百度搜索引擎结果中排在前面。而且这些网站成立初期注册店铺的成本很低，且有机会赠送永久会员，不过后续费用比较高。

以“全球五金网”为例，某经销商的一名销售员小吴在2012年的时候，在该网站注册了一个东风商用车中山区域销售店铺，后来在2014年获赠永久钻石会员。目前，只要在百度搜索引擎中输入“中山××天龙”“中山××天锦”等关键词（如图2-8、图2-9所示），该店铺的信息都能显示在百度搜索结果首页的前列，因此客户导流作用非常显著。

2-8　输入关键词“中山　东风天锦”显示结果

据销售员小吴介绍，一般本地的工厂类客户在采购时，会先在百度进行相关的信息搜索，然后电话沟通、询价、洽谈。通过全球五金网、中国机电网等，每个月能够为他提供销售线索20余个，质量较高的线索超过10个，平均每个月成交2台~3台。仅根据网上线索，全年销量贡献超过20台。当然，小吴是比较聪明的业务员，对互联网的敏感度比较高，较早触“网”，并且有一定经验积累，投入成本较低。

宁波某经销商的销售经理说，目前他们公司每个销售员都在全

2 -9　输入关键词“中山　东风天龙”显示结果

国性、区域性平台注册了个人店铺，平均算下来，每个销售员每年通过各类网络渠道获得线索而成交的车辆在 10 台 ~15 台。由此可见，网上销售还是能够带来相当不错的销售业绩的。

如果公司想要重点突破网络销售渠道，每年需拨出专门的预算用来做网络推广，其中以百度推广为主。广州某经销商反馈称，通过做百度推广，每个月的网上销售线索能多出 3 ~4 倍。

4. 网上销售需要做到“两专、两勤”

所谓“两专”，就是“专人、专业”。“专人”是说要有专人负责网络销售的线索跟进，一般是销售经理或资深销售人员，由他（她）对所有网络销售线索进行分类管理，并按照客户管理的要求进行检核，计算成交率，确保销售线索转化率、成交率在合理的范围。“专业”是说销售员需要对商品、客户需求、行业知识等具有较深的理解与掌握，同时对于线索具有很强的判别能力，避免产生过多无效工作，甚至对线下销售价格产生冲击。

所谓“两勤”，就是“勤更新、勤维系”。“勤更新”是说要不断更新店铺的产品介绍、报价、公司介绍等展示性内容。这样做，不仅能让客户获得最新的信息，更能让店铺出现在搜索引擎的搜索结果前列，获得更多流量。

“勤维护”是说做好客户的拜访、回访等工作。刨去询价类客户，网络销售线索质量普遍较高，尤其是主动询问的客户。因此，对通过网络线索获得的客户，拜访要及时，做到第一时间上门拜访，及时提供产品销售方案。

第三章

售后服务

深耕细作　开源节流

一、以精准营销深耕存量客户服务市场

在咨询、培训及辅导工作中，我们发现很多4S店与专业服务站严重依赖新车保养、保修，而过保客户的流失率非常高，有的甚至高达95%。在整体市场比较景气的时候，即便是服务站不赚钱或略微亏损，因为新车销量可观，也不会影响到4S店的经营业绩。不过，随着这几年宏观经济的转型，以及竞争的加剧，很多4S店的销售业绩出现大幅下滑，新车保养、保修服务的收入也随之大幅减少，企业的盈利状况不容乐观，有的甚至处于亏损状态。4S店如此，专业服务站的情形更糟。

面对如此困境，4S店与服务站该如何通过服务营收来提升经营业绩呢？那就是精准深耕存量市场。相比于新车保养与保修业务，由区域内的所有保有客户所构成的存量市场规模无疑要大很多，因为很多4S店已累计销售几千台车。

那么，该如何深耕存量客户呢？基于客户信息管理与分析，实现精准服务营销。

1. 高效管理与分析客户信息

一般而言，客户信息可分为客户原始信息、维修与消费信息、客户回访信息。客户信息管理就是要收集、整理、分析这三方面客户信息。

（1）客户原始信息管理。

客户原始信息包括人、车、车辆营运和车辆维修等四类信息。

- 人的信息：客户及司机姓名、电话、住址、生日、喜好、家庭情况。
- 车的信息：车牌号、型号、底盘号、发动机号、购车日期、保险日期。
- 车辆营运的信息：运输路线、频次、距离、标的物、固定停

车地点。

- 车辆维修的信息：平时维修地点、事故维修情况、发动机大修、变速箱维修、保养情况。

收集到这些客户原始信息之后，还要对其进行归类与分析，为实施精准的服务营销做好准备。分类的维度可以是客户的喜好、地区、年龄、购车的年限、车型，乃至发动机型号。分类越是精细，对于客户需求的洞察就会越深，营销的精准度也就会越高。

（2）客户消费信息管理。

客户消费信息包括来店维修次数、维修日期、消费金额等。

根据消费信息，我们可以将客户分为忠诚客户、习惯性消费客户、边缘客户、流失客户、一个月未来客户、二个月未来客户、三个月以上未来客户……

（3）客户回访信息管理。

客户回访信息是通过回访所了解到的客户意见、建议、投诉等，具体包括维修质量、服务态度、服务进度、配件满足等方面。

客户回访信息分析工具与表现方式包括《客户回访日报》《客户回访周报》《客户回访月报》《客户投诉处理表》《客户抱怨统计表》等。

2. 以精准营销深耕存量客户服务市场

对客户信息进行收集、整理、分析的目的，是为了针对不同类型的客户需求进行精准服务营销，以提升顾客价值，对存量客户市场进行深耕。

（1）按车龄为客户提供免费检测服务，获得增值服务机会。

如表 3 - 1 所示，某服务站从客户档案中梳理出 2003 年 ~ 2010 年，车龄在 5 ~ 12 年的车辆，对其发动机、变速箱等总成件实施免费检测。该项活动有效提升了入厂台次，在提高客户满意度的同时，更为服务站带来了可观的增值服务收入。

表 3－1　康明斯系列（4 万）公里保养明细及检修项目

序号	项目	L 机型号	数量	配件价格（元）	C 机型号	数量	配件价格（元）	B 机型号	数量	配件价格（元）	D 机型号	数量	配件价格（元）	ISLE 型号	数量	配件价格（元）	工时
1	柴油滤芯 1	1125N－010	1	40	1125N－010	1	40	1125N－010	1	40	FF5485	1	97	C5301448	1	75	/
2	柴油滤芯 2	1117N－010	1	32	1117N－010	1	32	1117N－010	1	32	FF5488	1	60	C5301449	1	95	/
3	机油滤芯	LF9009	1	158	LF9009	1	158	1012N－010	1	40	LF16015	1	98	LF9009	1	158	/
4	机油（18 升）	DFL-E30-18L	1	405	DFL-E30-18L	1	405	DFL-E30-18L	1	405	DFL-E30-18L	1	405	DFL-E30-18L	1	405	/
5	机油（4 升）	DFL-E30-4L	1	95										DFL-E30-4L	1	95	/
6	油水分离器 1	FS1212	1	60	FS1212	1	60	FS1212	1	60	FS19816	1	135	FS19816	1	135	/
7	油水分离器 2	19816	1	135				1119G－030	1	30							/
8	空气滤芯 1	A660	1	220	A660	1	220	1109N－020/030	1	105	A660	1	220	AA2960	1	300	/
9	空气滤芯 2	AA2960	1	300							AA2959	1	280	AF25452/25453	1	230	/

续表

序号	项目	L 机型号	数量	配件价格（元）	C 机型号	数量	配件价格（元）	B 机型号	数量	配件价格（元）	D 机型号	数量	配件价格（元）	ISLE 型号	数量	配件价格（元）	工时
10	转向液压油	DFL–46#–4L	1	80													
11	空气干燥器滤芯	3543Z24–080	1	95													
12																	

1、工时费：夏季（4 月 1 日 –10 月 30 日）30 元 / 个，冬季（11 月 1 日 –3 月 31 日）35 元 / 个。

2、免费检测项目：

系统	检测项目	系统	检测项目
发动机	检查三漏（漏油□、漏水□、漏气□）＊	离合器	检查离合器分离行程及工况情况＊
	检查空滤＊		检查离合器油品（2 万公里更换）＊
	检查皮带张紧度＊	变速箱	检查变速器操纵机构是否松旷或卡滞＊
	检查发动机悬置		检查变速箱操纵系统情况＊
	检查进气系统管路是否松动短路＊	传动轴	检查传动轴松旷及固定螺栓是否松动＊
	检查冷却液＊	转向系	检查转向拉杆是否松旷＊
	检查发动机加速情况和排气烟度情况		检查方向各联动系松旷和润滑情况＊
	检查气门（根据声响判断）＊		检查前桥转向节主销间隙是否松旷＊
电器	检查信号灯、仪表指示灯工作情况		检查推力杆是否松旷
	检查玻璃升降情况	后桥	检查后桥板簧紧固情况
	检查雨刮工作情况	制动系	检查制动间隙、行程及制动性能＊
	检查电瓶电解液及外壳情况		

（2）根据车辆二级维护到期日、保险到期日，邀约客户来店做二级维护与再保险。

如表3－2所示，某服务站通过客户档案分析，对二级维护到期日在6月份的客户开展了定向招揽活动，提醒这些客户按时来做二级维护，以避免超期对车辆营运带来的不好影响。

表3－2　在6月车辆二期维护到期的客户列表

属地	车牌号	二级维护到期日	购车日期
长沙县	湘AB（6036）××××	6.5	2014.3.4
长沙市开福区	湘AB（2255）××××	6.1	2013.11.29
长沙市望城区	湘AB（72765）×××××	6.11	2013.12.3

（3）根据维修后客户离开服务站的时间邀约客户来店返修。

如表3－3所示，某服务站通过客户档案分析，筛选出距离上次维修后将近一年的时间未再来店的客户，然后通过电话沟通、主动上门拜访等方式，了解客户未再来店原因，据此采取相应的措施，再邀约客户来店保养与检修。

表3－3　客户离开服务站的时间

离站日期	离站天数	行驶里程（公里）	维修班组	派工单号	维修项目
2014/7/21	376	9323	××君	2013001	发动机预热装置
2014/9/25	310	50000	××君	2013002	后轮保养
2014/8/21	346	64000	××君	2013003	驾驶室

（4）根据客户车辆行驶里程邀约客户做里程保养。

如表3－4所示，某服务站通过了解客户运营路线、行驶里程、运营频次，再根据进站维修日期和实际行驶里程，推测客户下次应保养日期，主动邀约客户做发动机里程保养。

表 3 – 4　发动机里程项目

进站日期	行驶里程（公里）	下次应保养日期	维修班组	派工单号	维修项目
2014/6/25	9323	2014/9/21	××君	2013101	三滤保养，在路边摊换过空滤
2014/7/16	50000	2014/11/16	××君	2013122	出事故，更换驾驶室
2014/9/21	64000	2014/12/21	骆朝君	2013306	发动机大修

（5）根据客户的相关信息构建客户关系。

如表 3 – 5 所示，某服务站通过档案分析，梳理出生日在 5 月份的客户信息，在当天为其送上生日问候及祝贺，保持与客户的关系黏度。

表 3 – 5　客户生日信息列表

用户姓名	电话	属地	车牌号	生日
莫×杰	略	灵川	桂 C2236	5. 5
郭×彬	略	兴安	桂 C2731	5. 9
蒋平	略	临桂	桂 CH299	5. 15

如表 3 – 6 所示，某服务站根据客户的兴趣建立客户俱乐部，定期组织并邀约他们参加相关活动，与客户建立起超越生意之外的关系。

表 3 – 6　客户兴趣信息列表

用户姓名	电话	属地	兴趣	车牌号
莫追杰	略	灵川	打牌	桂 C282
徐顺有	略	博白	打牌	桂 C297
唐雪飞	略	桂林	打牌	桂 C293

如表 3 -7 所示，某服务站通过分析客户的属地，为同一地域客户建立活动平台，在与客户建立关系的基础上，传递服务站的服务项目与产品。

表 3 -7　客户区域属地信息列表

用户姓名	电话	属地	车牌号
莫追杰	略	灵川	桂 C282
黄陆军	略	灵川	桂 CJ3076
康山喜	略	灵川	桂 CJ55

综上所述，要想确保营销活动取得良好的效果，提升服务业绩，确保客户满意，必须对客户精准定位，并通过信息技术手段，与客户保持有效沟通，为客户提供体贴的感动服务。

二、以“数据化”管理提升客户服务能效

随着商用车行业的竞争越来越激烈，整车销售利润越来越薄，服务的利润贡献在整个价值链中变得尤为重要。但是，当前不少商用车 4S 店的服务站管理较为粗放，经营决策靠拍脑袋，客户管理靠感觉，员工考核凭印象，造成运营成本和费用居高不下，运营效益和效率较低，客户满意度低，员工绩效低……当市场情况较好时，服务站尚能维持正常运转，当经济低迷时往往难以为继，严重拖累企业的盈利水平。

1. 四个关键的“数据化”管理指标

服务站的管理要从粗放到精细，关键在于能够实现管理的数据化。不能实现管理的数据化，就意味着服务站经营的高成本、高费用与低效率，无法精准了解客户的需求，也无法客观评估员工的表现。

很多服务站之所以无法实现管理的数据化，有以下两点原因：一是将主要精力用于整车销售，对服务不够重视；二是服务站的管理人员，大多出身于业务骨干、技术人才，缺乏系统管理方法，特别是数据化管理方法。不过，随着商用车市场格局的变化，服务价值的重要性越来越明显，对 4S 店的服务站管理能力提出了更高的要求，而数据化就是管理的一项核心要素。

确定能反映经营成果的关键管理指标，是服务站实行数据化管理的前提。无论是对服务站的经营决策，还是管理客户、绩效考核，数据都是一项重要的实在性依据。

简单来说，可以从以下四个维度划分企业经营的关键指标：

第一个是财务维度，其关键指标包括投资回报率，利润、利润率，周转率等。有些服务站只考核利润，而忽视了周转率，包括配件周转率、应收账款周转率等指标的考核，结果造成配件严重积压

与应收账款较多，有的经销商呆滞件甚至占总库存的 90% 以上，最终使得企业投资回报率变得很低。

第二个是客户维度，其中，客户忠诚度是核心指标，而客户满意度、客户流失率是辅助指标。

第三个是流程维度，包括及时交车率、返修率、工位周转率等指标。

第四个是员工学习与成长维度，主要包括员工流失率、员工满意度等指标。

需要强调的一点是，有些经销商往往只关注财务指标，而对其他指标不太在意。这往往易造成追求短期效应，使企业陷入另一种风险，应予以注意。

2. “数据化”管理的三个步骤

（1）对绩效指标层层分解，落实到位。

根据企业年初制订的目标，按照自上而下的原则，将绩效指标层层分解到部门与各个岗位的员工身上。

比如，将财务类指标（利润、成本等）分解到服务站的各个业务模块，包括保修、社会维修、事故车维修、配件外销等，确定它们的产值与利润等指标。

再比如，将营运类过程指标分解到各个部门，服务站一般包括服务部（前台）、车间、配件部。服务部的主要指标有接待台次、预约成功率、退单率、前台客户满意度、前台员工流失率等；车间指标主要有及时交车率、返修率等；配件部有配件周转率、及时满足率等。

不管是财务类指标还是运营类指标，最终都要分解到班组或个人身上，如维修班组的及时交车率、返修率，维修工时、产值、工料比等；接待人员的接待台次、预约台次、客户满意度，信息员个人的报单数、报单金额、退单率等。

（2）按天、周、月做好各类指标数据的收集统计工作。

一般来说，结果类指标按周或月度进行统计。其中，财务类结果指标由财务人员做月度收集与统计，其他结果类指标由服务站管理部门收集统计。而过程类指标则按每天统计，做到每天的实时监控。

为了更有效地收集这些指标的数据，服务站可以根据业务类型、岗位制作工具表格，最好是电子表格，如《配件每日缺件表》《维修班组日报表》《鉴定员日报表》《信息员日报表》《交车及时率统计表》《返修率统计表》等，由相关人员每日如实填写，每天下班前报给相关管理部门，做进一步数据检核。

（3）及时对各类指标进行分析，据此不断改善管理。

财务部门需要每月对财务结果指标（如利润、费用、成本、利润率、费用率等）进行分析；服务站需要每天、每周、每月对各类过程指标（每天入厂台次、服务产值、交车及时率、返修率、配件满足率等）进行分析，找出存在的问题，提出改善措施，为最终实现经营目标提供有力的保障。

三、如何提升 4S 店服务站事故车业务的产值

这几年，4S 店服务站的经营日益艰难。一方面新车销量不景气加上售后客户不断的流失，部分客户运输业务不好导致车辆出勤率下降，甚至是车辆停运，如果把服务站比作一个水桶，现在的情形就是流进来的水少（新车），流出去的水多（流失客户），使得进厂台次和维修产值严重下滑，客户的钱越来越难赚；另一方面主机厂保修政策趋紧，要求降低保修索赔率，保修产值急剧下滑，而前几年保修产值占服务站总产值 50% 左右。

在这种情况下，服务站该如何突破当前的经营困境呢？在辅导过程中，我们发现，那些经营得相对不错的服务站，都在大力提升事故车的业务产值。比如，某 4S 店服务站在公司没有消贷、物流挂靠、新车投保及续保等能提供引入事故车维修资源的情况下，还让事故车维修产值持续稳定上升，截至 2016 年 8 月，事故车维修产值已超过 200 万元，占 4S 店总产值的 27% 。

其实，相对于新车的保修业务，事故车业务变动不大，是一个相当稳定的收入源，只是长期以来不为服务站所重视。因此，要突破当前的困境，就必须重视事故车的业务，需要大力提升事故车的业务拓展能力。具体来说，可以从以下两点着手：

1. 打造与提升事故车专修能力

车辆一旦出现事故，车主及司机都是心急如焚，希望尽快将车修好。那么，他们更愿意找谁呢？从理论上来说，4S 店的服务站是首选，因为相对于社会修理厂，4S 店具有专业维修技术、专业设备、原厂配件、质量保修优势，不仅维修的还原程度高，而且维修部位及更换的配件还有保质期。专业的维修技术和原厂配件，是车辆维修质量和时长的重要保障。然而，事实却并非如此。

一直以来，4S 店的服务站都不是太重视事故车的维修业务，因

此在投入和维修能力建设上欠账很多。我们在辅导过程中发现，各大服务站存在这样的问题：

• 有的服务站没有设置专门事故车工位，而是挤在机修工位上，这样安全隐患重大，比如进行动火整形、切割和焊接施工时就很容易引发火灾。

• 有的服务站没有行吊、柴油叉车等起重设备，使用自制“土龙门吊”和简易手动叉车进行吊装作业，这样不仅工作效率低，也存在安全隐患。

• 有的服务站没有钣金工、油漆工，当有事故车进厂时，要外请工人进来修，这样做不仅难以把控维修质量和时长，而且花费更大，人员往往也难调配，延误维修工期，引发客户不满。

……

工欲善其事，必先利其器。要提升事故车业务的产值，就必须打造与提升事故车的专修能力，这就需要在相关专业维修设备上进行投入，比如配置行吊、柴油动力叉车起重设备及氧割、焊，二氧化碳保护焊等专用设备；同时配置事故车维修的相关专门人员。一般来说，事故车业务至少需设置 3 ~ 5 个事故车专修工位，即钣金工、油漆工，事故车定损、理赔专员等岗位。

2. 充分利用 4S 店自身消贷、物流挂靠优势

商用车 4S 店应该充分利用自身消贷、物流挂靠，以及新车投保和续保等优势，与保险公司形成“以资源换资源”的战略合作伙伴关系，用保额换取保险公司事故车送修额。

比如，某商用车 4S 店的总公司与人保财险市分公司签订了“保费换事故车维修额”战略协议。双方确认，保额与送修额比例为 40%。截至当年 9 月，该公司完成人保财险投保额 446 万元，完成率 74.3%，相应的人保财险送修额则超过 200 万元，赔款已到账 180 万元。

不过，在现实经营中，很多企业并不是很懂得如何利用这些优势，浪费了自身的保险资源。比如，西北某战略经销商新车消贷全保投保率不足 50%，物流挂靠车辆信息管理混乱，不少挂靠客户失联，挂靠车辆续保率极低。公司几乎无人跟进续保，也不知该如何跟进，也没人愿意学续保知识。

总而言之，要提升 4S 店的事故车业务的产值，不仅需要配置专业设备、高素质人员，为事故车维修质量及效率提升奠定坚实的基础，更需要平时维护好客户关系，在他们心目中建立起值得信任的形象，还要充分利用自身的优势，与保险公司建立互惠互利的战略合作关系。

四、正成为服务站主流业务的外出维修服务

多年来，商用车的服务站主要依赖的是客户进站维修，习惯模式就是建设一个占地面积很大（至少 15 亩以上）、维修设施健全的综合服务站。而外出维修服务主要是为了救急，不是服务站的一项主流业务，产值在整体营收中占比很低。何以如此呢？这需要从外出维修服务的现状说起。

1. 服务站外出维修服务的现状

简单来说，当前服务站外出维修服务的现状有如下几个特点：

（1）外出维修服务以应厂方要求的“三包”救急为主，也就是说大部分维修项目属于“三包”范围，总体收益较低，产值不高。

（2）外出服务需要提前判断车辆故障原因，要带好正确的配件和维修工具，否则将可能无功而返。

（3）由于是急救，一次只能修一台车，如果急救的维修人员不会开车的话，一个外出团队至少 3 人，因此服务效率不高。

（4）外出维修因环境陌生、条件艰苦，对维修人员的综合能力与积极性要求比较高。

换言之，目前外出维修服务往往是效益低、难度大，因而普遍积极性不高，成了“鸡肋”业务。市场中，没有足够的利益，就没有足够的重视，也就缺乏了改进的动力，效率和效益就难以提升了。

2. 外出维修服务正变得越来重要

随着商用车行业与市场大环境的变化，外出维修服务对服务站变得越来越重要，主要体现在以下三个方面：

（1）在市场趋势上，随着市场环境的变化，新车销售呈现逐渐下降的趋势，原有的新车保修与保养等服务业务量急剧减少，保外维修成为服务站的新增长点，并越来越重要。

（2）在客户需求上，无论从效率还是效益方面看，各行业的商用车客户越来越看重经销商的综合服务能力，对服务团队的专业能力、时间效益提出了更高要求。比如，行业大客户一次性购买了数辆乃至数十辆商用车，如果他们距离经销商的服务站比较远（比如超过30公里），他们往往会要求经销商提供一对一的上门服务，一次性为多辆车进行维修保养，而且这些大客户愿意额外支付上门费用。这就从客观上拉动了服务站外出服务的需求。

（3）在经营成本上，随着城市扩张，原本处于城市边缘地区的服务站，场地租金成本日益高企，占总成本的近30%，部分地区还面临拆迁、租期到期等问题。另外，人工成本也在快速提高，部分服务站超过40%。这些都在迫使服务站必须改变传统的坐等上门维修的经营模式，而外出维修服务就成为一个自然而然的选择方向。

3. 三“小”两“大”——服务站的新经营模式结构

那么，该如何实现服务站的经营模式转型呢？如何才能提升服务站的外出服务能力呢？根据我们几年的辅导经验与总结，将基于外出维修服务的新模式归纳为三“小”两“大”：

（1）小场地：面积小、租金低，降低运营成本。

（2）小投入：固定投入低，包括维修设备和场地建设投入。

（3）大团队：团队忠诚高、稳定、能力强，人均绩效高。

（4）小站内：进站维修比例低，主要是进行大修。

（5）大站外：外出维修比例高，做大客户专业服务，形成战略信赖关系。

我们所辅导的合肥云龙服务站，就是基于外出维修服务新模式的代表。

合肥云龙服务站是某商用车的安徽省重点站，是安徽服务效益数一数二的服务站，包括1个中心站（合肥），3个二级站（叶集、舒城、六安）。位于合肥高新区的中心站正在向以外出维修服务业务为主导的经营新模式转型。

合肥中心站场地面积5亩，有3个室内工位，3~6个室外工位。配件库存规模300万以上，年周转次数5次以上。

人员方面非常稳定，骨干人员8人以上，团队成员28人，维修人员14人，近三年，人员几乎没有变化，且大部分成员来自当地。

客户方面，维修业务50%为外出服务（含三包），成为主业，40%为客户上门，10%为二级网点，其中签订长期协议的大客户占50%以上，业务非常稳定。

对于服务站来说，传统的以服务站为中心待客上门的钓鱼式经营模式已经难以为继，必须进行深度转型，主动走出去，升级为基于外出维修服务的三“小”两“大”新模式，这不仅可以拉动产值提高客户满意度，更能有效锻炼团队能力，提升企业的经营业绩。

五、打造服务站快修能力的七个要点

2015 年 4 月，我们进驻某商用车经销商开展驻店辅导。该经销商的一个核心服务站的售后总监遇到一件烦心事，就是客户流失情况很严重。经过对部分客户回访，他了解到了原因——服务站维修保养等待时间特别长，于是很多客户不愿意到服务站做维修保养。例如，很多物流公司都是周末才放假，司机只能在周末进服务站对车保养维修，这使得服务站的周末维修进厂量大幅增加，结果让客户等待时间过长，从而对服务站产生很大抱怨。这样的情形在很多服务站都存在，那么，该怎么破解呢？

本节我们就以这个网点作为一只“麻雀”，进行深度的解剖，找到破解之道，以此提高维修效率，优化客户等待，提升客户体验。

1. 维修车辆时间结构分析

要打造服务站的快修能力，首先就是要找到造成维修时间长的原因。我们选取了 5 月份 × 日，对该服务站进厂的维修车辆与当天交车的数量做了监测分析，结果如下：

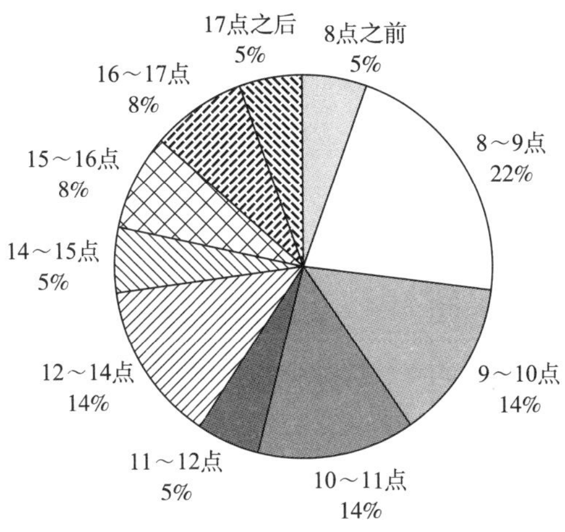

图 3－1　5 月 × 日服务站分时段进厂维修台数

如图 3 - 1 所示，车辆进厂维修主要集中于 8 ~ 9 点、9 ~ 10 点、10 ~ 11 点三个时间段，合计占比 50%。

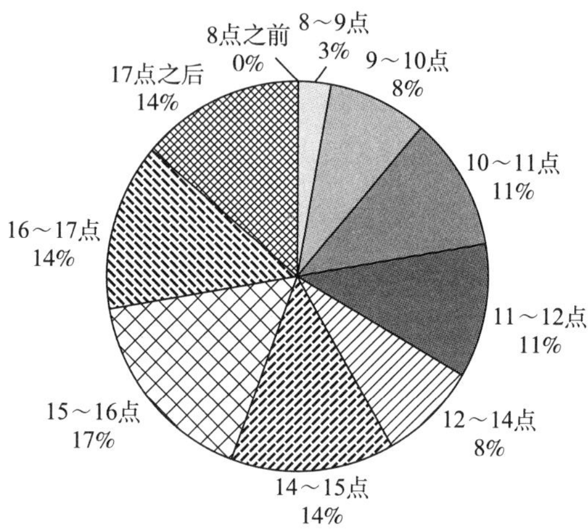

图 3 - 2　5 月 × 日服务站分时段交车台数

如图 3 - 2 所示，该服务站交车时间段集中于 14 ~ 15 点、15 ~ 16 点与 16 ~ 17 点，合计占比 45%。

另外，我们还分析了各时段在修车辆台数的分布情况，结果如下：

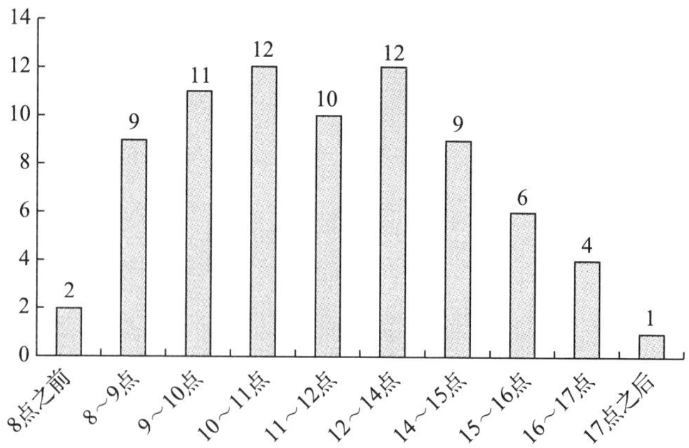

图 3 - 3　5 月 × 日服务站分时段在修车辆台数

如图 3－3 所示，在 9～15 点期间，服务站每小时保持在修车辆数量为 9～12 台。以 6 个班组计，平均每个班组在该时段内同时维修 2 台车。

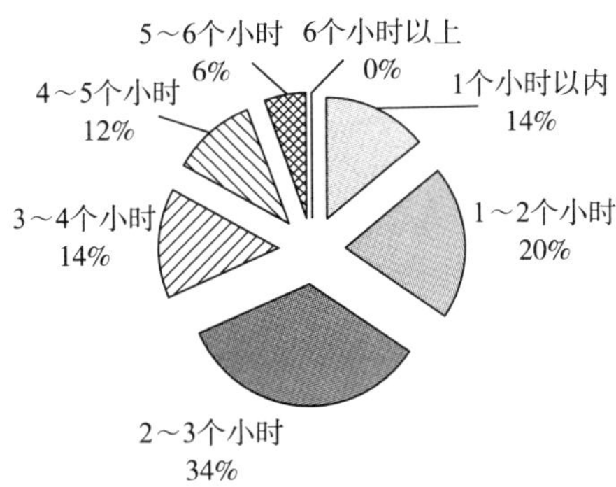

图 3－4　5 月 × 日服务站车辆维修时间分布

如图 3－4 所示，1 个小时内交车仅占比 14%；1～4 个小时之间交车比例合计 68%，其中 2～3 个小时交车占比高达 34%。平均交车时间在 156 分钟，约 2.5 小时。

2. 车辆维修类型结构分析

不同的车辆维修类型，所需要的时间是不一样的。因此，要找到提升服务站快修能力的有效方法，还需要对车辆维修类型进行深入的结构分析。

一般来说，可以将汽车维修种类分成三个大类、十一个小类，如下：

（1）纯保养类项目：新车首保、里程保养、轮毂保养、新车首保 + 里程保养、里程保养 + 轮毂保养。

（2）混合类项目：新车首保 + 一般维修、里程保养 + 一般维修、新车首保 + 里程保养 + 一般维修、轮毂保养 + 一般维修、里程保养 + 轮毂保养 + 一般维修。

（3）一般维修类项目：不涉及保养类项目的维修，即一般维修。

我们对 5 月份该服务站进站维修车辆（不含外出服务与上门服务）进行了分析，结果如下：

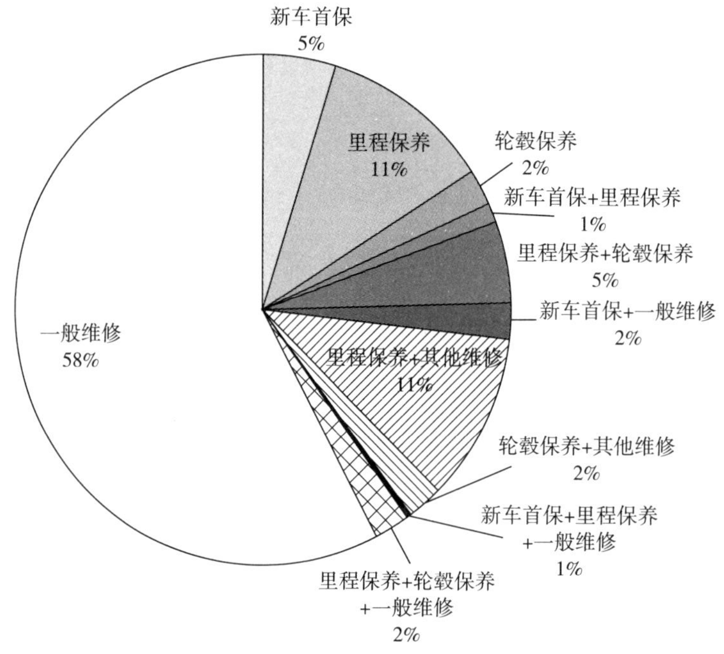

图 3－5　5 月服务站进站车辆维修结构分析图

如图 3－5 所示，以该服务站 5 月份数据为例，进站维修车辆合计 657 台。其中，纯保养类项目（不含一般维修）占比合计为 24%；一般维修比例为 58%；保养类项目与一般维修交叉类的合计比例为 18%。

通过以上分析，我们得到了以下 3 个主要结论：

- 客户平均维修时间较长，达到 2.5 小时。
- 保养类车辆台次比例较高，涉及保养类项目维修台次比例合计为 42%，纯保养类项目台次比例为 24%。
- 该服务站具备推行快修组的入场台次结构，即将纯保养类项目归口快修组进行专修，以此提高维修效率，缩短纯保养类项目的维修时间，提升速度。

3. 推行快修模式的七个要点

为了让快修组实现操作规范、流程规范，提升班组效率，实现客户维修的最佳体验，增加客户对服务站服务的满意度，我们对快修模式做了如下的管理优化：

（1）界定快修组的主要维修项目。

通过维修结构分析，结合服务站人员现状，服务站专门组建一个快修组。快修组的专修项目包括：首保、里程保养、轮毂保养、首保＋里程保养、里程保养＋轮毂保养等五大类。也就是说，该小组多以保养为主，如果涉及其他维修项目，必须保证整个操作时间在一小时以内，否则就需要派工给其他班组。以上五大类项目月均台次 150～160 台，占入厂台次的比例约为 25%，按照过往数据分析，快修组日均维修量 5.16 台，基本能够满足一个快修组的劳动负荷。

（2）快修组人员构成。

可由车间主任担任快修组组长，由一名高工任执行组长，组员包括一名中工与三名初工，合计 5 人。

（3）设立专修工位。

为快修组提供 2 个专修工位，最好位于进站大门直接对应的门口，以便停放车辆及快速进出。

（4）绩效保障，解决后顾之忧。

为了提升班组人员工作积极性，需设立有最低保障的绩效机制。在试运行的前两个月，承诺保底工资，正常绩效方案如下：

快修组绩效＝工时总额×35%＋台次×4＋配件产值提成

（配件产值提成标准：如果人均产值低于 4.5 万元，提成标准为配件产值×0.5%；如果人均产值高于 4.5 万元，提成标准为配件产值×1%）

（5）优化流程，减少无效时间。

快修组维修项目技术难度小，要不断优化流程，去除不必要的操作，做到高度标准化，最大程度上减少维修时间。

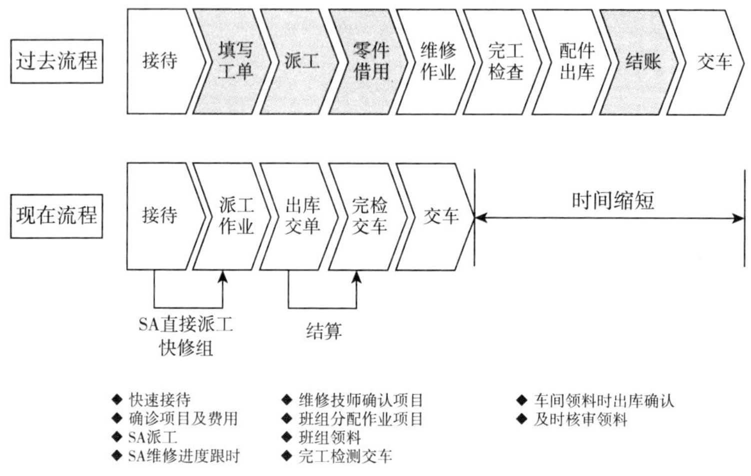

图 3-6　快修流程整改图

如图 3-6 所示，快修类项目流程优化改进主要体现在两个方面：一是接待派工环节可以由 SA 直接将快修类车辆派工至快修组，二是配件领料先出库后录系统。

（6）优化业务的管理机制。

为了更好地推进快修组的工作，对快修组的管理机制作了不少优化调整，具体如下：

- 实行单独管理：从管理上，将快修组变成一个独立事业单元，单独管理，严格按照要求进行派工，核算独立，纵向提升管理效率。
- 客户预约机制：优先开展客户服务预约，增加主动预约比例，优化业务进站时间分布。
- 专业技能强化：实现快修技术专业化、操作标准化与进度可视化，持续进行技术大练兵，切实提升快修项目的操作规范及作业速度。
- 人员选育机制：快修组成员半年以内不允许调岗，最长不能超过一年，初工晋级及高工评比，快修组的实践将作为前提条件。

车间轮毂竞赛：每周一次培训，每月一次演练，每季度一次竞赛

图 3-7　快修组技术大练兵活动

（7）承诺上墙，让客户来监督

为了让快修组保持高水准的服务质量，我们制定了纯保养类项目的操作标准及完工时间承诺，并上墙接受客户的监督。如果客户发现操作不规范，可以投诉，经查属实的话，会要求快修组立即改正，并作相应的处罚。

快修项目作业时间承诺、作业标准与流程上墙

图 3-8　快修项目作业时间承诺、作业标准与流程

我们经历了 2 个月的试运行，后来又不断优化调整，到 8 月份时快修组的项目实施进入了常态化阶段。在 11 月份，我们做了项目效果的评测，得到了如下结果：

- 快修项目维修时间平均降低 18 分钟/台；
- 正常上班时间内，快修台次超过 8 台/天，高峰期可达 12 台/天；

- 客户及时交车率由之前的65%提升至85%

在对快修模式推行效果的总结会上，服务站长惊喜地告诉我们，之前5月份对服务站抱怨很大的物流公司又陆续回来进行保养了。该物流公司负责人说："服务站对我们车队所有车辆进行保养建档，总是提前电话预约司机安排时间来站保养，司机只要将车辆开至服务站，后续工作全部按照快修模式进行，平均时间缩短了30～50分钟，我们的司机周末能腾出更多时间陪家人。"

改变客户评价，从改变自己开始。但是任何改变，对于团队而言或多或少都会带来不适应。唯有心怀敬畏，关注细节，真正在流程、环境、技术等方面给予足够的重视，让客户维修体验更舒服，那么让客户回厂维修就是必然。

第四章

配件管理

从能力建设到价值实现

一、配件管理制度体系建设的四部曲

不管是乘用车还是商用车领域，配件管理都是各个服务商日常运营管理中一个很重要但又问题重重的业务模块。说重要，是因为配件就是服务商日常经营中饭缸里的米、菜篮子里的菜，服务商的绝大部分经营利润都要通过配件销售来实现，可以说配件是服务商价值创造的最重要一环。不过，在实际经营中，常常出现的情况，不是某种配件大量缺货，就是某种配件有大量积压，这两个问题像一对难兄难弟在服务商的日常经营活动中不断出现。对于这两个棘手问题，很多服务商是看在眼里，急在心里，但就是一直找不到有效的解决方案。何以如此？

通过多年的驻店辅导经验与观察，我们认为，造成这个问题的根本原因是，服务商的配件经营和运营机制缺乏体系性和专业性。

首先，当前服务商大都没有建立起一套针对配件部门的管理体系和管理要求，也没有对配件部门的人员提出具体的、可考核、可评价的管理指标，以致对于配件部门的工作，总是有一种看似重要但又毫无章法的感觉。业务量一旦扩大，就出现配件缺件的情况；而业务量一旦萎缩，又出现呆滞件的问题。

其次，配件部人员的专业能力在企业里面普遍处于中等偏下水平，之所以如此，是因为当前学校、企业还没有专门的配件教学与培训，配件人员的成长主要是靠个人摸索和天分，这样使得成长速度非常缓慢。同时，配件部人员每天忙忙碌碌地工作，但是收入水平却较低，使得配件管理人才容易流失，而一旦流失之后，又得重头培养新人，专业能力始终无法得到有效积累。

通过对驻店辅导的配件管理能力提升项目的总结，深远团队提炼了关于建设和打造服务商配件管理制度能力的四部曲：

第一，全面考核：用全面的考核机制，重塑配件业务的目标和价值。

第二，创建机制：创建完善的配件业务销售与服务机制。

第三，坚守职责：确定配件部门的业务流程，提升配件岗位人员的业务素养，达成岗位职责要求。

第四，持续学习：创造一种学习环境和氛围，让配件人员在工作中不断更新业务知识，提升工作绩效。

1. 全面考核

配件部门业务最大的一个特点就是，它的经营完全可以独立于公司自我运行。而且，配件部门就像是一个小型公司，工作范畴包含了方方面面的内容。因此，在评价与考核配件部门的工作时，指标体系要设计得全面。这样不仅便于体现出配件部门人员的工作价值，也更能激发出人员对于工作的成就感，提升其自我价值。

配件部门工作的考核至少要有以下 4 个方面的评价指标：

（1）业绩指标：用以考核配件部门为整个公司创造的价值，具体体现在配件销售（服务）的产值、配件利润、配件利润率、配件成本等方面。需要特别强调的是，不能光设立指标，还需要拿出实现指标的切实可行策略方法。这一点我们将在下文的创建机制中做具体阐述。

（2）服务过程指标：主要包括服务的满意度、配件的等待时间等，这是评价配件部门服务的重要标准，用以客观而准确地反映配件部门的工作成效。

（3）运作过程指标：即库房的 5S 管理、库房的账物相符性等，这是一个最基础的指标，却也是很多服务商忽略最多的一个指标。如果对这种基础指标不能有效地管理，就会严重影响到对其他指标的监控，从而难以判断其他指标的实现情况如何。

（4）分享和培训指标：分为内、外两个维度，一是通过内部培训，让配件部门有经验的人员对新人进行传帮带，实现配件人员的快速成长；二是外部培训，即让配件部人员对维修、服务人员提供配件知识培训，特别是关于配件名称、关键参数等方面的知识培训，让公司配件需求人员和配件供货人员能够站在同一个“频道”上沟通，从而提高沟通的效率和准确性。

2. 创建机制

要让创建的评价和考核指标能够落地，还必须创建出有效的保障机制：

（1）建立起配件人员与客户直接沟通机制，了解终端客户对于配件的要求。只有如此，配件人员才能够真正了解到客户的需求，才能真正挖掘出配件的价值。

（2）建立起明确的缺件登记制度，让每一个缺货的配件都清楚明确地展示在配件部。在此基础上，通过登记、跟踪、反馈、总结这 4 个步骤，形成配件管理闭环，优化内部沟通，改进工作。

（3）建立起循环盘点制度，把盘点工作分解到每一周，以此督促配件部门工作流程的优化，持续改进。

（4）建立完善的数据管理制度，要求配件部人员在配件进出库过程中，系统数据先行，用数据来指导实物操作，避免出现漏出库、漏入库、账物不符的情况发生。

3. 坚守职责

当机制建设完善之后，需要做的就是执行。执行能否严格到位，能否持之以恒，是企业管理制度能否有效落地的关键。一直以来，很多服务商的配件部不遵守已有的流程与标准，往往为了提高几分钟速度，就置流程规范于不顾，久而久之养成了无纪律、无标准的习惯，库房管理人员的职责意识丧失殆尽。如果不能坚持遵守流程规范，即使某个时期辛苦整理好库房，不久后也会再度出现混乱的局面。因此，库管人员必须坚守岗位职责，严格按照流程标准工作，具体体现在以下三个方面：

（1）必须保证库房前台有人：库房前台是串联起维修车间、客户和配件部门业务线的枢纽，如果没有前台，线就断了，配件工作就与其他部门工作脱节了，很多矛盾自然而然就产生了。因此，必须要保证库房的前台有人，由他（她）对车间、客户的需求了解并做好记录，并及时稳妥地进行处理。

（2）坚持数据先行原则：不管是出库还是入库，配件部人员都必须坚持数据先行的原则，用系统数据来指导实物操作。这个方法可能会让业务过程的时间延迟 2 ~3 分钟，但能够有效避免库房内部混乱，以及财务上的混乱，有效节省后续结账、对账、计划等方面的时间，因此总体上利大于弊。

（3）必须对库房实物负责：库房管理人员必须对库房里的实物状态负责，不能出现库位随意变更、实物随意摆放的情况，要通过盘点的制度来监督和改善库房的实物状态。

这里我们提供一个中型服务商配件部门的工作岗位对接模型，如图 4 -1，供读者参考：

4. 持续学习

当前车辆更新换代速度不断加快，相应的配件更新的速度也在不断加快。数据显示，配件的更新比维修技术更新速度要快 2 ~3 倍。因此，配件人员需要不断学习才能跟得上时代发展的步伐。企业要建立起有效的知识管理制度，建设企业的内部配件知识库。同时，所有配件部的人员都应该制订相应的学习计划，通过内部培训、外部学习、相互交流等方式提升专业技能。对于新人培养，可以通过传帮带的师徒制，让老人带新人，使新人迅速进入角色。

根据数年来对配件工作岗位的辅导经验，我们构建了配件人员专业知识体系模型，如图 4 -2 所示，供读者参考：

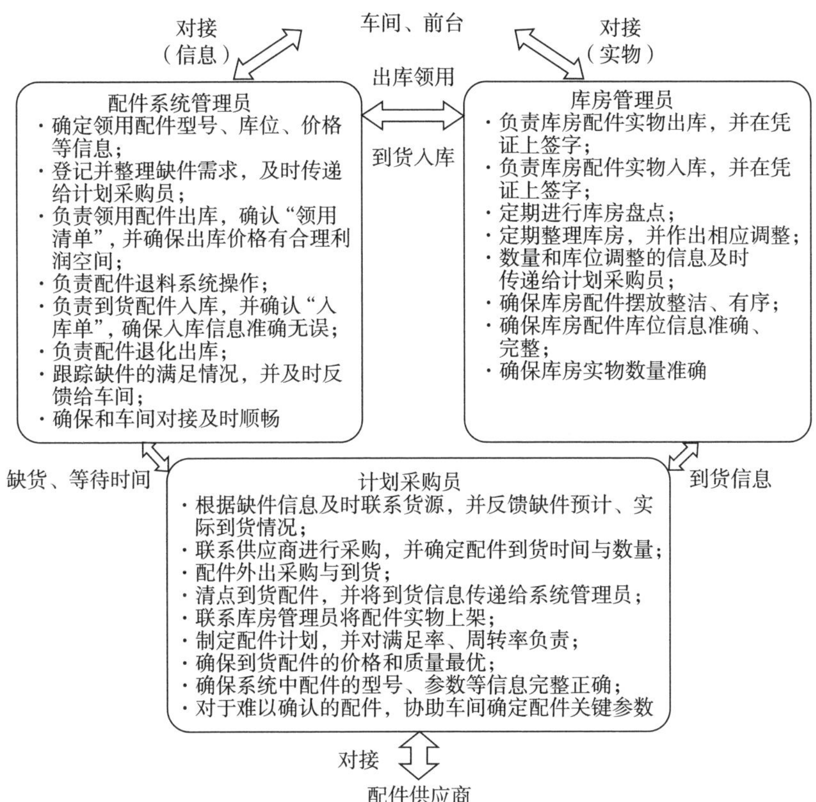

图 4－1　配件部门的工作岗位对接模型

知识范围 →

系统操作	配件知识	配件采购	配件销售	配件规划
配件出库	编码规则与分类			库房整理
配件入库	三滤、油品			库位整理
处理销售订单	外覆盖件	供应商日常对接	客户对接	实物进出库
配件主数据管理	底盘件	熟悉配件价格	熟悉配件价格	
报表汇总导出	发动机、变速箱	采购谈判	销售报价、推广	盘点
盘点功能差异调整	电子系统	配件质量判断	客户开发	进出库流程
	配件体系	供应商开发	配件营销	库房规划与调整
数据分析能力				

知识深度 ↓

图 4－2　配件人员专业知识体系模型

总体来说，配件管理工作看似都是些出库、入库等繁杂而琐碎的小事，但能不能做好这些工作，考验的是企业管理精细化、规范化的能力。如果缺乏体系化的管理制度，那么服务商面对的往往就是一个“无从下手”的配件部门。

二、库房管理要高效，先做好库房规划与设计

配件库房管理是很多经销商管理的隐痛，不仅普遍存在资源浪费的现象，如库存积压、配件损坏等，而且配件的储备品种和数量往往也无法及时充分地满足维修及销售的需要。出现这些问题，除了库房管理制度不完善等原因外，往往还与库房规划与设计不合理有关。如果说库房管理制度是“软件”的话，那么库房的规划设计就是“硬件”，只有软硬件相互匹配，才有可能实现库房管理运作的高效有序。前文我们已经阐述过库房配件管理制度体系的建设，在此我们将阐述如何做好库房本身的规划设计。

1. 配件库房规划的原则

（1）有效利用有限的空间。

• 根据仓库大小及库存量，按大、中、小型，长型进行分类放置各种零配件，以便节省空间；

• 用纸盒来保存中、小型零配件；

• 用适当尺寸的货架及纸盒；

• 将不常用零配件放在一起保管；

• 留出用于新车型零配件的空间；

• 无用配件要及时报废。

（2）防止出库时发生错误

• 零件编号完全相同的零配件放在同一纸盒内；

• 不要将零配件放在过路上或货架的顶上；

• 零件编号及外观接近的零配件不宜紧挨存放。

（3）保证零配件的质量

• 保持清洁；

• 避免高温、潮湿，避免阳光直射；

• 防止零配件的存储损耗。

2. 配件库房规划的流程

配件库房规划流程共分为 5 个步骤，如图 4－3 所示：

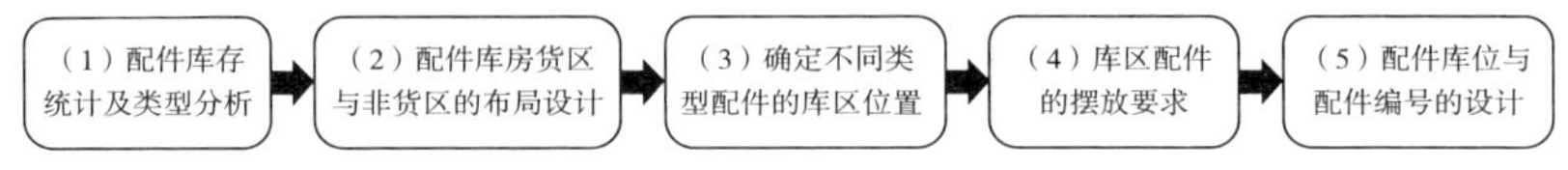

图 4－3　配件库房规划的流程

（1）配件库存统计及类型分析。

商用车配件的主要特点是：一个品牌，多个车型品系、多个发动机平台，因此需要进行二级分类管理，对配件进行统计分析。

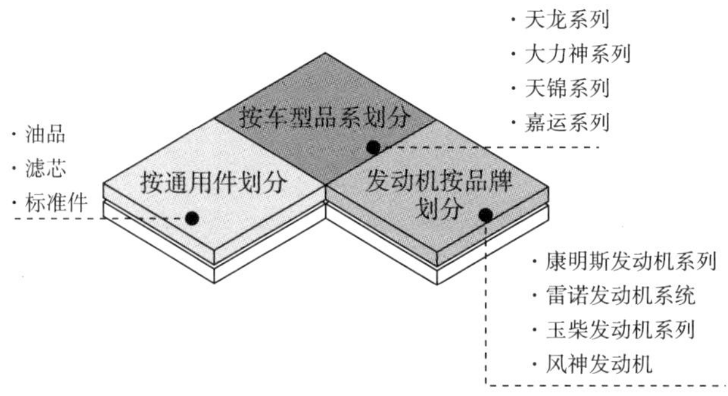

图 4－4　配件二级分类管理

（2）配件库房货区与非货区的布局设计。

配件库房货区布局设计的基本思路如下：

- 根据物品特性分区分类储存，将特性相近的物品集中存放；
- 将单位体积大、单位质量大的物品存放在货架底层，并且靠近出库区和通道；
- 将周转率高的物品存放在进出库装卸搬运最便捷的位置；
- 将同一供应商或者同一客户的物品集中存放，以便进行分拣配货作业。

配件库房货区布局的形式包括垂直式布局与倾斜式布局两种。其中，垂直式布局又分为横列式、纵列式与纵横式布局三种，如图 4－5 所示：

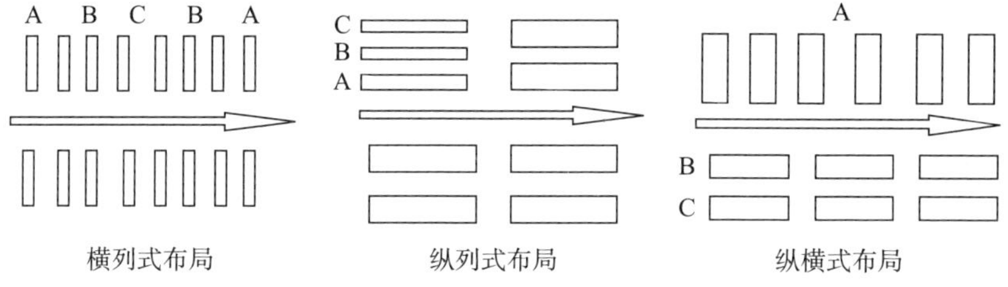

图 4－5 垂直式布局的三种类型

倾斜式布局又分为货垛倾斜式与通道倾斜式布局两种，如图 4－6 所示：

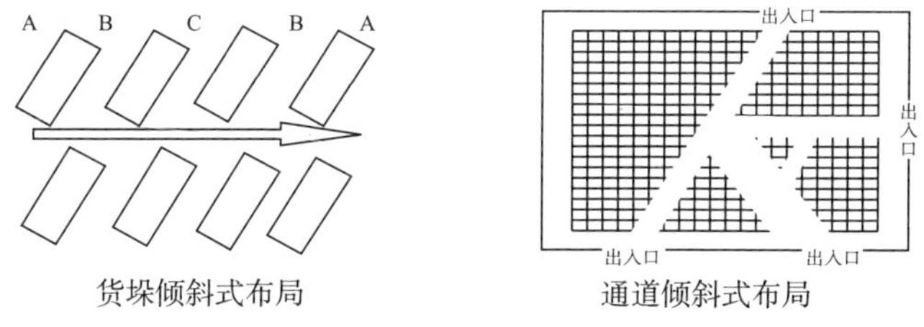

图 4－6 倾斜式布局的两种类型

配件库内非配件摆放区域主要包括通道、墙间距、收发货区与办公区，布局设计如图 4－7 所示：

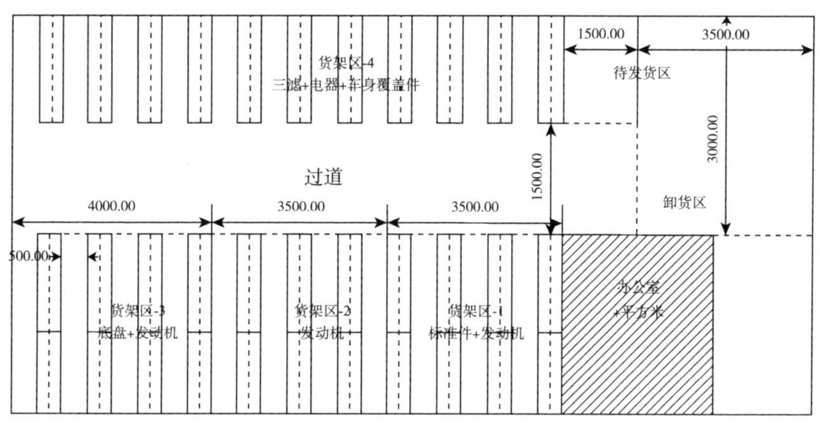

图 4－7 配件库内非配件摆放区域布局

●通道：库房内的通道，分为运输通道（主通道）、作业通道（副通道）和检查通道。

●墙间距：墙间距一般宽度为 0.5 米左右，当兼做作业通道时，宽度需增加一倍。

●收发货区：收发货区面积的大小，则应根据一次收发批量的大小、物品规格品种的多少、供货方和用户的数量、收发作业效率的高低、仓库的设备情况、收发货的均衡性、发货方式等情况确定。

●库内办公地点：办公室面积的大小应该根据企业业务量的大小、工作人员的多少设置。

（3）确定不同类型配件的库区位置。

确定不同类型配件库区的位置，需遵循以下几个原则：

●对配件库房进行总体规划，不同类型的货架分区布局，小件货架集中并靠近门口，大件货架次之，专用货架靠近里边。对货架主通道、拣配通道、货架、仓位等进行编码。

●根据配件的大小、形状、重量及特性等对所有的配件进行分类，分为中小件、中件、大件、不规则件、油品等，并用代码表示以方便记录，如表 4－1 所示。

●对配件进行大、中、小分类后，统计各种类型的配件品种数，确认所需库位数量。

表 4－1 配件的分类类型

序号	种类	种类代码	举例
1	中小件（Over pack）	小	油封、螺栓、火花塞等
2	中件（Large Semi）	中	发电机、前大灯等
3	大件（Bulk）	大	保险杠、座椅等
4	不规则件（Jumble）	不规则	油管、消声器等
5	车身装饰条/护板（Molding）	装饰件	裙板等

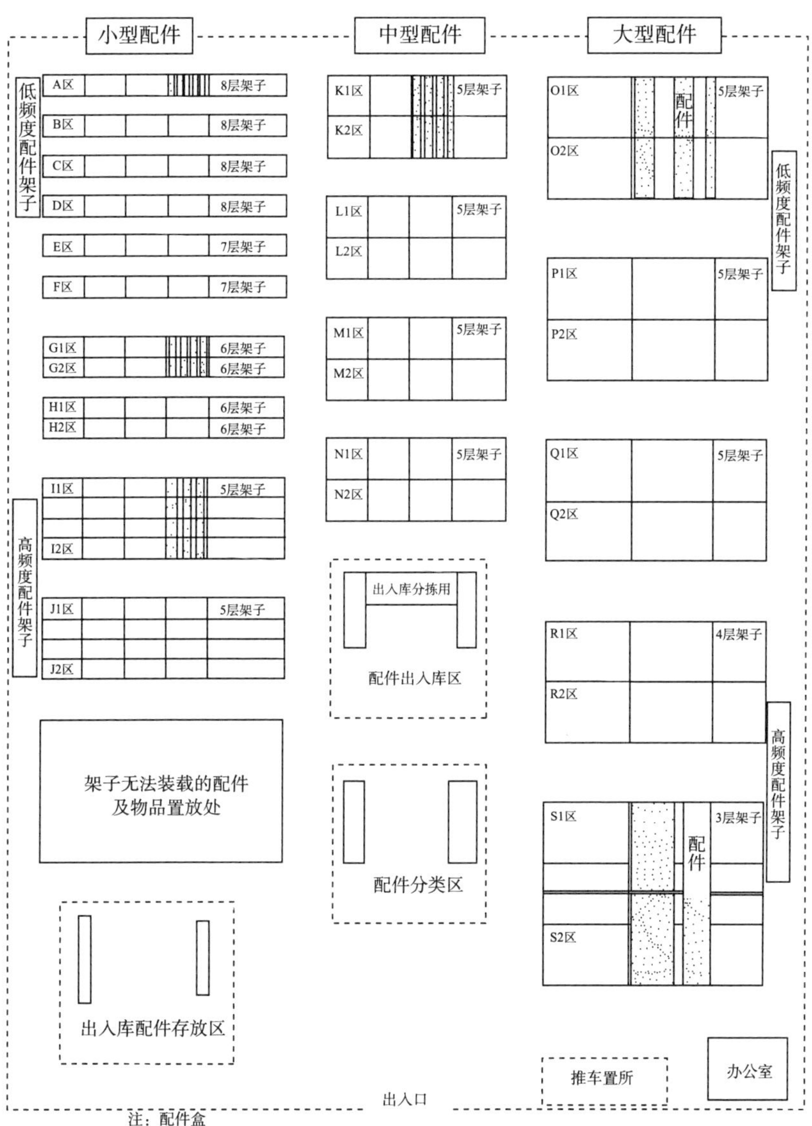

图4-8　配件库房货区的整体布局图

续表

6	危险品/化学品（Hazard）	油	油品、油漆等
7	轮胎（Tire）	轮胎	轮胎、电瓶
8	玻璃（Glass）	玻璃	挡风玻璃等

另外，配件分区分类需注意以下事项：

- 按汽车配件类型存放，把相似的零件排放在一起；
- 一个单位的汽车配件，只要性质相近和有消费连带关系的，安排在一起存储；
- 互有影响、不宜混存的汽车配件，一定要隔离存放；
- 按作业安全、方便分区分类；
- 消防灭火方法不同的汽车配件不得一起存储。

（4）库区配件的摆放要求。

库区配件摆放应遵循以下几个原则：

- 确保货物一物一位，如图 4 –9 所示；
- 货物摆放时应标签朝外，如图 4 –10 所示；
- 长条配件、不规则物料与特殊物品应按各自特点以专用货架进行摆放，如图 4 –11、4 –12 所示。

图 4 –9　货物一物一位

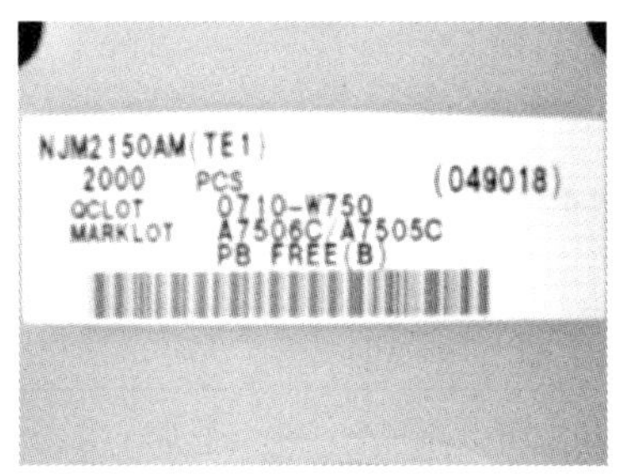

图 4 –10　货物摆放标签朝外

重型货架

中型货架

轻型货架

层格式货架

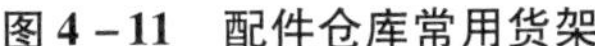
图 4 – 11　配件仓库常用货架

管件专业挂架

长条状重件可用双悬臂货架

专用插架可存放门板、玻璃等

图 4 – 12　配件仓库专用货架

（5）配件库位与配件编号的设计。

配件库位号编码的具体方法如下，如图 4 – 13 所示：

- 库位号编号由三部分构成：库房号 + 货架号 + 层号；
- 每个配件都有库位号，没有上货架的配件库位号就是库房号。

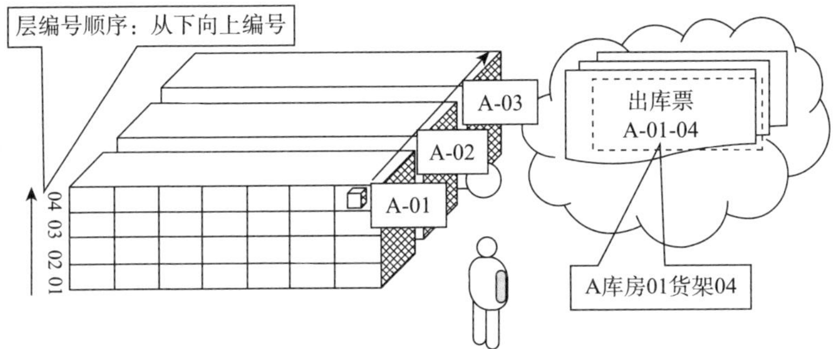

图 4 – 13　库位号编码与配件编号方法

配件库位编码有四个具体步骤：

首先，如图 4－14 所示，位置码中的数字要通过英文字母分开书写，当 26 个英文字母不够用时，可将 26 个英文字母排列组合，以增加表示的范围，如 AA，AB，AC……需要注意的是，对于同一过道或同一货架，以下字母不要同时使用（如 Cc，Ii，Jj，Kk，Oo，Pp，Ss，Uu，Vv，Ww，Xx，Zz 等），避免发生混淆。

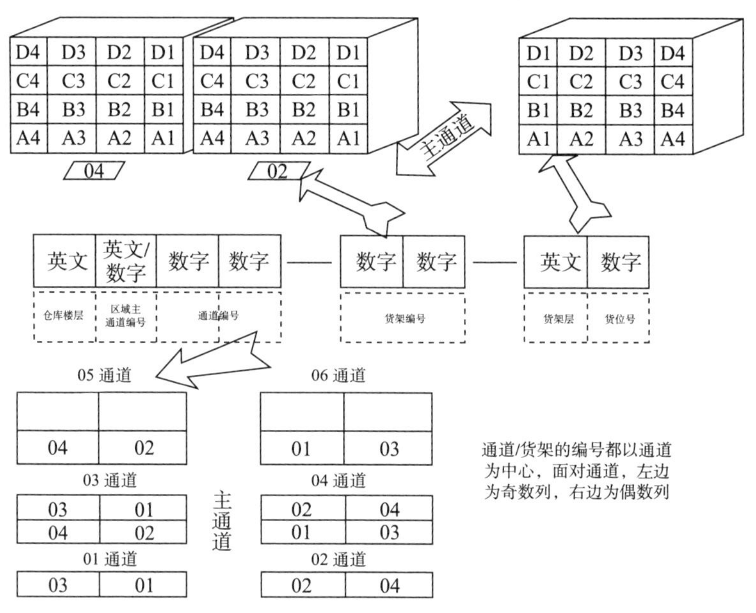

图 4－14　配件库位编码方式

其次，库位编码规则，如图 4－15 所示：

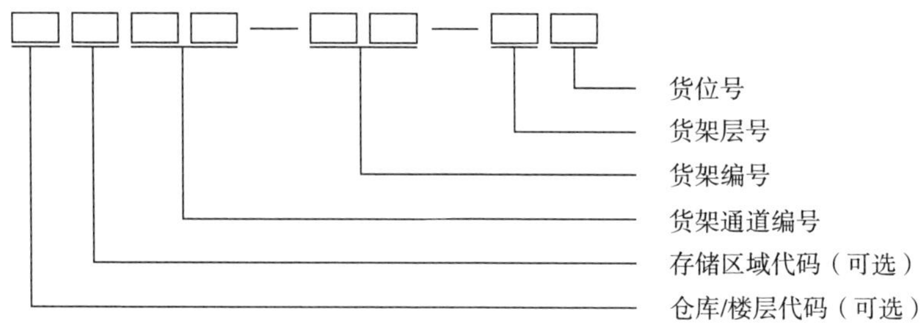

图 4－15　库位编码规则

第三，将配件存放在货架上时，要考虑预留空货位，以作为配件号的更改及品种增加时的补充，这些预留货位可以直线排列、对角排列或间隔排列，如图 4－16 所示：

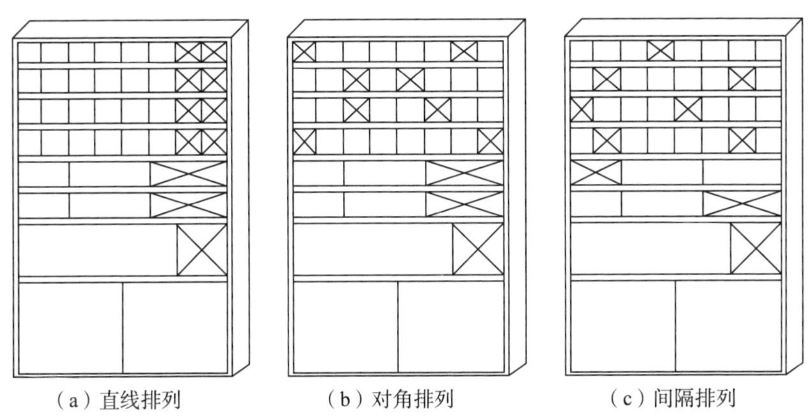

（a）直线排列　　（b）对角排列　　（c）间隔排列

图 4－16　货架预留货位三种类型

最后，设计货架标牌、仓位标签、零件盒的规格，如图 4－17 所示。统计定做货位所需要的标牌、仓位标签零件盒的数量，按照要求悬挂、粘贴各种标签和标识。

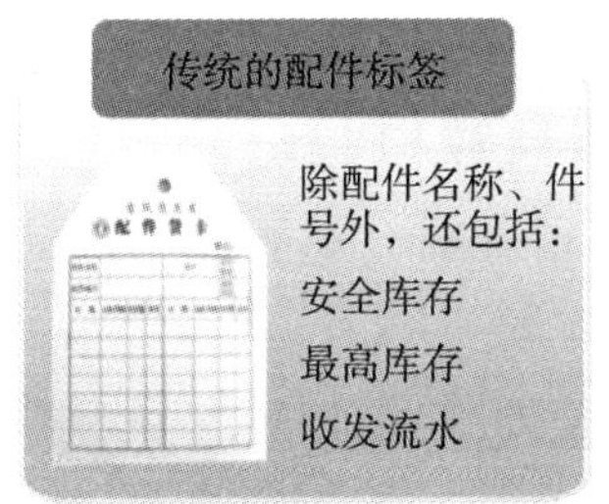

特点：方便“永续盘点”（现在很少使用的盘点方法），同时在配件盘点时要求做到账、物、卡三相符

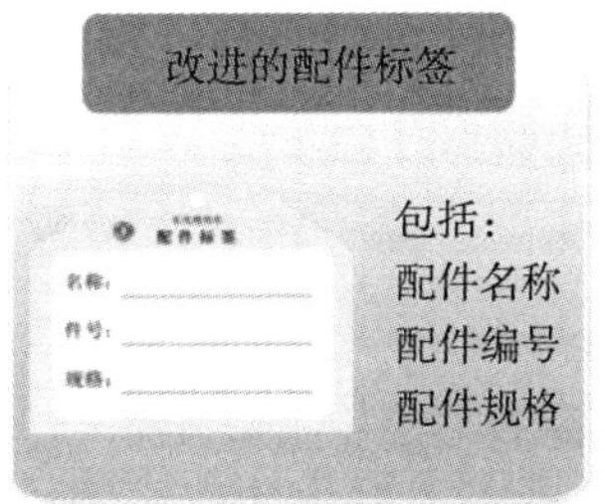

特点：适合采用“定期盘点”方法，在盘点时做到账物相符。

图 4－17　货位的配件标签

3. 配件库房日常管理的五个要点

除了做好配件库房的规划设计，更重要的是做好配件库房的日常管理。根据多年的辅导经验，我们总结了配件库房管理的五个要点：

（1）做好仓库内外温湿度日常变化记录，保持和调节好仓库的温湿度，对易吸潮配件要注意更换防潮剂，对防虫蛀配件，夏季要放樟脑丸。

（2）配件在入库时必须严格按照进货单据核对品名、规格、计量单位、数量，并根据配件的性质、类别、数量，安排合理的仓位并留出墙距、柱距、顶距、照明距、通道距，对无特殊性能要求的配件可用高垛位，一般采用重叠式或咬缝式垛位，对于易变形和怕压配件的堆垛高度要灵活掌握，严禁重压。另外，堆垛时要排脚紧密、货垛稳固、垛形整齐、分层标量，并将填写好的标签（标签内容包括：品名、规格、计量单位、产地、单价）挂于垛位或货架上。

（3）配件出库必须与销货单相符，对每天出入库的配件要做到当日计核，做到货卡（保管卡）相符。

（4）要定期和不定期地对配件进行储存质量的检查，发现问题应及时报告，以便采取措施挽回损失。

（5）要经常对仓库的安全及消防器材进行检查，检查内容包括消防器材是否配置齐全、有效，垛位有无倾斜，门窗、水道等有无损坏、渗漏、堵塞等现象。当出现异常情况时，要立即采取防范措施。

三、做好配件计划工作的意识与方法

过去几年，深远团队在对几十家商用车经销商与服务商的驻店辅导过程中，发现了两个在配件板块业务领域里普遍存在的问题，一是经销商呆滞件比例普遍偏高的问题，大都在30%以上，有的甚至高达60%；二是当业务发展到一定规模的时候（一般出现在年营业额突破800万元人民币之后），会出现非常明显的配件缺货问题。这两个问题让经销商与服务商感到很苦恼，但又一直找不到有效方法加以解决。

1. 做不好配件计划的三大原因

要解决问题，先要找出导致问题的原因。通过深入分析，深远团队认为导致配件板块业务计划总是做不好的主要原因有如下三个：

首先，是意识不足。目前，大部分经销商的总经理、配件经理往往是根据经验来做订货计划，并没有清晰的科学制订配件库存计划的意识。他们大部分精力都消耗在解决已经发生的缺货或积压配件的问题上。公司业务量不大时，这样的经验还能应付；而一旦企业业务量放大，往往就会陷入手忙脚乱的境地，配件缺货或积压的情况会逐渐增多。

其次，是能力不足。大部分经销商与服务商的人员都不具备数据汇总、分析的能力，对于配件或者服务管理系统操作也不熟练，无法有效利用较为高级的专业管理工具来制订配件计划。

最后，是基础不实。大部分经销商与服务商的配件库房设计与管理都缺乏系统科学的规划设计，管理系统中的数值和实物往往无法匹配。这种情况下，自然难以做好配件计划工作。

古语有云：凡事预则立，不预则废。做好配件计划，才能为企业的日常经营提供有保障的物料支持，才能让业务得以正常开展。因此，高效有序的配件计划运作体系，是经销商与服务商业务做大做强必须具备的基础性能力。

在数年驻店辅导和培训实践中，深远团队系统梳理总结出了服务商做好配件计划工作的实践方法论，概括来说就是“全局意识、科学方法、夯实基础”。

2. 有全局意识才不会乱

全局意识，指的是培养与塑造配件计划的全局观。一直以来，很多经销商与服务商都是在以“小农意识”来做配件计划工作，具体就是靠经验做计划，没有系统思考过如何提高效率、如何增加协同，疲于应付出现的各种紧急问题。而这些问题正是因为制度不完善、方法不科学所导致的。

要让配件管理变得规范与科学，最核心的是具有全局意识。也就是说，总经理或者配件经理应该从全局上把握，站在一个比较高的角度上去分析和看待配件工作的内容和性质，具体可以思考以下几个问题：总体成本和总体满意度应该控制在什么程度？哪些配件应该重点预防呆滞？哪些配件不应该缺货？哪些配件可以适当容忍缺货？哪些配件本质上就是会缺货？在缺货的情况下如何进行快速应对？

只有有了全局意识，才不会陷入针对某个或者几个具体零件的无效讨论之中，从而跳出忙忙碌碌却不见成效的怪圈。

3. 用科学方法才能系统

基于配件管理工作的全局意识，深远总结归纳了配件计划和审批管理的 11 宫格的方法工具，从而让经销商与服务商能够更有效地做好配件的计划工作。

要掌握 11 宫格的方法工具，需要掌握以下两个概念：配件的广度与配件的深度。

所谓配件的广度，是指服务商应该在配件品种上做什么样的布局规划，即如何有效管理配件品类与数量。决定配件广度的关键因素是配件的需求频次，即在一定时间内某一个配件被需求的次数，如某月某服务站，柳汽的 16L 机油被需求的次数是 50 次，那么这款机油的需求频次就是 50；柳汽 H7 的左外后视镜被需求的次数是 3 次，那么它的需求频次就是 3。频次高的属于常用配件，频次低的属于不常用配件。

	过去3个月总频次	ABC类型
稳定区	>=30	A
	15~30	B
	6~15	C
犹豫区	3~6	D
	2~3	E
不备货区	1	F
	0	G
		总计

图 4－18　频次的分类标准

如图 4－18 所示，根据频次的概念，配件常用程度可以分为 7 个层次。

我们将 3 个月内需求频次在 6 次以上的配件划入“稳定区”。需求频次越高的配件，越容易销售出去，因此稳定区的配件呆滞风险较小，可以考虑存放一定量库存。

3 个月内需求频次在 2～6 的配件处于“犹豫区”，这区间的配件需求不稳定，可能出现连续几个月没有需求，在某一个月需求却突然增多的情况，对处于“犹豫区”的配件，需要根据数据与经验确定适当库存量，保证既能满足不时之需又能很好地控制呆滞情况的发生。

3 个月内需求频次 1 次以下的配件处于“不备货区”，这区间的配件需求有很大的偶然性，不建议备货。当有需求的时候，可以通过联系同城物流或者上门提货的方式快速采购。

一般来说，配件备货的广度越大，配件需求满足的情况也就越好，但呆滞件的可能性也就越大。而通过对配件类型进行有效的分类，就能做到尽可能满足需求的同时，将配件呆滞的可能性降到最小。

配件的深度指的是某一种配件具体要准备多少的库存量。库存备得越多，库存的深度就越深，该配件的满足率就会越高，不过消耗的时间也会越长。决定库存深度的两个关键因素分别是需求波动的大小、配件的单价。

需求波动主要体现在需求的频次大小与稳定性，这点在配件的广度中已有论述，不再赘述。而配件单价越低，则备货成本越低，形成呆滞的代价也就越低。因此，处于相同频次范围的配件，单价低的配件备货深度更高，而单价高的要低些。

以配件的广度和深度作为两个维度，可以构建出配件计划工作11 宫格的矩阵模型，如图 4 – 19 所示：

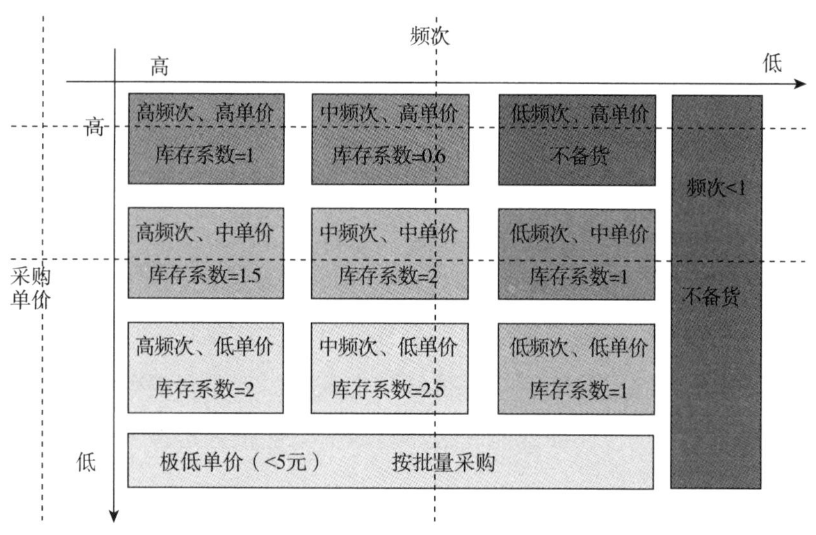

图 4 – 19　配件 11 宫格管理法

首先，根据频次的大小，确定某一个配件是否进行备货。不备货的配件不用考虑深度问题，备货的配件才考虑备货深度的问题。

其次，针对不同类型的配件，设定不同的库存系数。可将库存系数理解为库存的深度。

第三，用现有库存（含在途数量）与需要备货数量做比较，出现短缺的配件类型及其数量，就是需要采购补货的配件。

4. 夯实了基础才能执行到位

很多经销商与服务商不能有效制订配件计划的一个主要原因是，配件管理中库存实物和系统账目做不到一致。在这种情况下，讲再多的配件计划的具体方法都是无用功。配件库房的账物一致，是做好配件计划的基础。而要夯实这个基础，就需要企业在库房整理、盘点、进出库流程等方面将工作落到实处，执行到位。

四、配件精准销售的四种策略

2010 年国内中重卡行业的市场需求达到最高峰，年销售量达到了 129 万辆，之后便步入了下滑的阶段，2016 年中重卡市场的总销量只有 75 万辆左右。对于商用车经销商来说，随着新车销量的剧烈下滑，企业经营遇到了极大的挑战。为了摆脱困境，纷纷加大售后服务市场的经营投入，提高企业的盈利能力。而在售后服务中，配件销售占据着非常重要的地位。

4S 店的配件销售客户主要有四类，即经销商自有经营的服务站、二级网络销售商、大客户与零散客户。客户类型不同，经销商的营销策略也相应不同。

1. 针对经销商自有服务站的销售策略

一般来说，企业自有经营的服务站对配件的核心诉求包括：

- 满足率：配件的品种要能满足近期维修的需求；
- 及时率与准确率：商用车是生产性工具，维修速度越快越好，时间越短越好；
- 性价比：配件的定价水平高低直接影响客户入场维修的数量。

根据服务站对配件的诉求特点，可以采取如下措施加以应对：

- 扩增配件的储备品种类别；
- 建立两小时到货的配件供应渠道，扩大潜在库存规模；
- 对配件库房进行标准化处理，提升配件的提取速度和准确度；
- 根据当地市场特点与客户需求结构，制定精准的价格策略；
- 给维修人员一定的配件提成，提升维修技师对配件销售的积极性。

2. 针对二级网络销售商的销售策略

二级网络销售商对配件的核心诉求包括：

- 最大的诉求就是配件的价格；
- 配件供给送货要及时和高效，还要提供相关的技术支持；
- 可以用灵活多样的方式进行费用结算。

根据二级网络销售商对配件的诉求特点，可以采取如下措施加以应对：

- 可以根据配件的类型，对配件做差异化定价，比如对油品和滤芯的价格打 9 折，对于外部市场难以采购的维修配件则不打折；
- 以配件和保修的支持来提高二级网络销售商的黏度，比如可以通过与二级网络销售商签订关于保修款购买配件协议，保修的 50% 资金用来采购配件，配件价格则给予 9.5 折的优惠；
- 对客户进行分级管理，不同级别的客户，给予不同的费用结算优惠，比如优质客户可以用月结的方式，而一般客户则只给予一周或半个月的回款周期。

3. 针对大客户的销售策略

大客户对配件的核心诉求包括：

- 拿取配件方便和快捷，有些大客户要求经销商配件前置；
- 对价格有一定优惠要求，但更重视配件质量；
- 需要经销商上门服务。

根据大客户对配件的诉求特点，可以采取如下措施加以应对：

- 根据客户的信用等级，有选择地进行配件前置，同时配件管理人员需要每月对前置的配件数量进行盘存；
- 配件价格策略可以参考二级网络销售商的定价方式；
- 为重点大客户提供针对性的上门服务，可派驻班组为核心大客户提供前置服务。

4. 针对零散客户的销售策略

在商用车行业，零散客户的销售占比相对较低，一般为10%以下。如果是长期购买的客户，可以进行送货上门的服务。如果只是一般零售性客户，直接交易买卖就好了。不过，可以对这种客户进行挖掘，看看是否有可能转化为长期客户，甚至是大客户。

五、成为优秀配件经理的四项修炼

配件管理要做好，最终还是要落到具体的人身上。其中，作为配件部门领头人的配件经理，则起着至关重要的作用。那么，怎么才能成为一个优秀的配件经理呢？深远团队通过多年的驻店辅导，总结出了配件经理个人发展的能力素质模型，如图 4－20 所示：

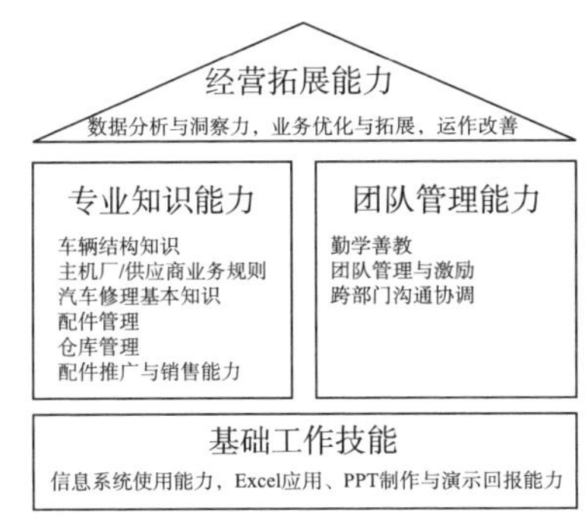

图 4－20　优秀配件经理的能力素质模型

要成为一个优秀的配件经理，需要不断修炼与提升自己在四个方面的能力，即基础工作技能、专业知识能力、团队管理能力与经营拓展能力。通过对这四项能力的修炼，帮助配件经理从内到外全面系统地提升工作绩效。

1. 基础工作技能

和其他业务不同，配件业务需要通过信息系统、Excel 等工具来管理品种繁多的配件。目前，经销商业务中配件品种少则几千种，多则超过几万种，如此繁多的配件品种，不管是在库房管理上还是在采购计划与销售报价上，如果没有有效的信息管理系统，不能掌握好 Excel 等办公软件，那么大部分业务将无法正常展开，也无法及时掌握到业务状况及存在的问题。

因此，熟练高效地操作使用信息系统、Excel、PPT 等办公软件是配件经理必备的基础性工作技能。那么怎么提升呢？可以组织专门的培训，比如对信息管理软件的操作使用、Excel、PPT 等办公软件使用技能进行专项培训。不过更重要的是，还要在实践中不断进行自我学习，遇到不熟悉的或不懂的，可以找书看，找人问。在互联网时代，只要想学习，有学习的意愿，就不愁没有学习资源。

2. 专业知识能力

配件业务与维修保养服务是共生共长的关系，配件的需求来自于车辆维修与保养。因此，配件经理除了掌握配件本身的各项专业知识，更要对配件的客户与用户的需求有较为深入的了解，掌握汽车维修与保养等专业性识，做到知己知彼，方能无往而不利。具体来说，专业知识能力体现在以下三个方面：

（1）掌握配件需求方的相关专业知识。具体而言，就是需要了解并掌握所服务车辆、发动机、变速箱等产品的结构、配件构成等知识，以及维修中常见的问题。

（2）配件专业采购的商务规则。配件采购的渠道有很多种，不同的渠道在商务政策、业务规则、零件编码、配件替代、配件物流等方面各有特点。配件经理需要研究掌握每种渠道的特点，做到心中有数，让配件的采购高效有效、物美价实。

（3）配件管理与库房管理的专业能力。配件部门需要管理成千上万个品种的配件，要能高效地查询到现有配件的库存数量与位置，保证能及时准确地发出配件，并在配送过程中保持完好性。要做好这些工作，就需要配件经理在仓库管理、进出库流程建设、配件分类等方面下功夫。

专业知识能力是配件经理职位胜任的重要支撑，只有当配件经理具备深厚的专业知识能力，才能轻松面对来自于客户和同事各方面的需求，才能够支撑得起经销商的服务业务。不过，专业知识能力更多是一种实践性知识，需要配件经理在具体业务实践中不断摸索和总结。

3. 团队管理能力

要做好配件业务，配件经理个人的能力很重要，但团队的作用更重要。而且配件业务还需要与维修、服务接待、财务等部门保持高频沟通与交互，需要具有很强的跨部门管理与沟通能力。因此，带领团队高效优质地完成配件工作，与关联部门保持良好的合作关系，是优秀配件经理必须具备的素质要求。具体来说，体现在以下三个方面：

（1）勤学善教。勤学就是说配件经理需要不断学习新的配件专业知识、相关部门工作中的知识，提升自己工作的视野。具体的方法上文已讲，不再赘述。作为管理者来说，善教在某种程度上更为重要，只有团队成员的能力不断成长，配件业务才能更好更快地实现成长，因此，配件经理不仅要将自己掌握的业务知识毫无保留地教给团队成员，还要创造各种机制让团队成员主动学习，相互学习。同时，配件经理还需要将相关的配件知识传递给维修、售后等相关部门，如配件的名称、类似配件的区分方法、常用配件关键属性等，以便在工作中实现高效的沟通。

（2）积极沟通。在日复一日的工作中，因为能力或压力等原因，很多人难免会有情绪，从而影响到工作表现。这就需要管理者具有良好的团队沟通能力。要带好团队，一方面需要让整个团队的目标感清晰，另一方面还要关心团队成员的工作和生活状态，要积极沟通，尽量保证员工的良好工作心态。

（3）跨部门沟通。在工作中，配件业务与维修服务业务是分工不同，但价值一体的关系。因此，要做好配件业务，需要与这些部门进行有效、充分的沟通，以增进各个部门的相互了解，实现部门之间高效配合。因此，要求配件经理积极主动地开展跨部门协调沟通工作。

4. 经营拓展能力

如果说前三项能力是做好配件工作，成为优秀配件经理的必需条件，那么经营拓展能力则是更高的要求，是从优秀迈向卓越的核心环节，需要配件经理具有一定的老板意识与企业家精神。

在配件业务中，最能体现与提升经营拓展能力的莫过于数据分析与洞察力。目前，商业正进入大数据时代，有效地利用数据分析能力，挖掘出企业的潜力，找出有待改善的地方，能够为企业带来前所未有的价值。

总之，要成为一名优秀的配件经理，需要通过持续学习与工作对前三项能力进行修炼，再充分结合数据分析能力提升自己的经营拓展能力，有效评估、发现商机与改进方向，持续改善，最终实现配件业务的高速稳健发展。

第五章

客户管理

深挖客户价值

一、做好客户的“一诚三信”原则

不管时代如何变化，互联网如何打破边界，客户的诉求和担忧，永远是企业需要面对的核心问题。我们相信，以诚待人，真诚服务，唯有时间和结果才能证明自己。

1. 客户之道，唯“诚”是之

《礼记·中庸》说：“诚者，天之道也；诚之者，人之道也。”儒家先贤认为，“诚”是天的根本属性，努力求诚以达到合乎诚的境界则是为人之道。又说“诚者，物之终始，不诚无物”。认为一切事物的存在皆依赖于“诚”。

就个人而言，“诚”是立身之本。所谓的“诚”字，若望字生义的话，我认为是一个人的“说话”与“做事”的有机统一，是个人言由心生、真实行为的体现。我在生活与工作中看待一个人时，是特别看重这个人是不是“实诚”与“真诚”的。宋代理学大家朱熹认为：“诚者，真实无妄之谓。”肯定“诚”是一种真实不欺的美德。说真话，做实事，反对欺诈、虚伪。

在工作生活中，我们常会遇到一时无计可施且沟通艰难的难题。在这些难题解决之后复盘时，“心诚则灵”是我最深的感受。在面对困难时，所谓的心机、计谋等“智慧”，都很容易成为被人识破的“小聪明”，对方认为你缺乏诚意而弄巧成拙，进而加深双方的误解与分歧。相反，当很多事情直截了当、开诚布公地说清楚，往往是最简单但也最有效果的方式，成为建立双方信任关系的基础。

有诚方有信，有信方有根。诚者所以自成，在于以诚立信。在客户服务中，“信”是合作的前提，是关系的纽带，是成功的保障。

做好客户的“三信”，就是建立以信任为基础的品牌化服务客户之历程。其中，“信任”是合作的前提，服务过程中建立“信心”是关键，客户持续的认同与满意而形成牢固的信赖纽带是结果，同时也是持续的服务与合作的新开始。

2. 立“信”很难，破“信”极易

在百度上搜一下“信任”二字，有着不计其数的海量文章、故事与研究。这不奇怪，人间世情的本质，除了利益，更有信任。信任几乎就像我们生存中的氧气，无处不在，更是不可或缺。

信任是人和人之间的一种具有极大价值的关系存在和心理安全。小到个人的安身立命，大到组织、国家间合作博弈，信任都是根基。在社会学研究中，信任被看成是一种社会资本，是维系经济、社会正常运转的底层要素。

人品与口碑就成了安身立命、行走江湖与人建立信任的关键。而一个人的日常言谈举止、是否孝敬父母、是否言而有信、有诺必践、一诺千金，能够说话算数等，成为判断一个人是否值得信任的标志。

在商业活动中，最难的也是和陌生人建立彼此的信任关系。我们深远从事的咨询服务等商业活动，提供的知识产品比其他行业更具特殊性和价值不确定性，获得客户的信任是商务合作的重要前提。在商务接触和谈判过程中，公司成立的时间、专家的行业专业背景、服务过的案例、同业中的口碑、团队的实力与稳定、反馈的态度与专业度、发表的文章与观点、交往中的细节与感受、处事做人的格局风格，等等，都是客户对深远建立信任的不可或缺的因素。

信任对国际间的合作也是极为重要的。在 2015 年的巴黎气候大会上，法国气候谈判大使蒂比亚纳表示，巴黎气候大会要取得成功有三个条件：第一是信任，第二是信任，第三还是信任。

美国作家戴维·霍萨格的《信任的力量》一书中讲道：“商业与生活中真正的通货不是金钱，而是信任！”一个服务公司，越来越依靠专业能力和品牌的力量获得更多陌生客户的信任。

有人讲道：“信任并不是一种软实力，它是能够带来巨大收益的可量化的能力，它能在一个机构的策略、目标和文化中体现出来。”高度的信任能够使人际关系变得简单、阳光，公司的发展愿景与战略目标就容易达成共识，组织和流程就会扁平高效。

3. “信心比黄金和货币还要贵重”

对一个人来说，信心是其能担事、成事的内在关键。在日常生活与工作中，我们大多数人都是处在可预期的环境下。但当正常生活与工作被突发事件所打断，发生重大变故时，比如与他人的关系因某事发生突然变故而急转直下时，要达成一项更高的目标、理想和愿景因困难重重而产生了畏怯彷徨时，一个人的自尊、自信与支撑起信心的意志就显得尤为重要而珍贵。

人不是孤立的，而是处在各种合作相处的人际关系与组织之中，譬如，夫妻、家庭、团队、民族、国家以及我们整个人类。面对当下挑战和未来命运的憧憬，若没有了信心，就像我们在寒冷的冬天失去了阳光的照耀，在黑暗中失去了灯塔的引领。

以我们深远自身为例，从事服务客户的咨询服务业毕竟是一种高级的知识和智慧服务，它体现出**客户对咨询服务的专业性、特色性和贴近性的需求，以及创新性、前瞻性和高标准的要求，**绝不仅仅是靠抽象的逻辑和炫耀的工具而获得客户的偏爱，还需要在知识服务的面粉中注入可以产生催化作用的酵母菌，更需要感同身受的善意。这就要求咨询师除了理性与严谨所表现出的专业，需要在客户面前表现出专业能力和精气神的工作状态，更需要用心付出具有温度的知识和人格的魅力，持续建立共同的信心力量，才能把咨询服务的轨迹延伸得更远、更健康。

4. 信赖是信誉账户的最大盈余

生意合作总是建立在一定的信任基础上的，然而，在客户合作初期，很难做到彼此知根知底。那怎么办呢？一般来说，就只能依靠以往的信用记录或口碑，依靠签订的契约进行风险防范。比如，银行在贷款时需要借贷方以有价财产作为抵押；消费者在购买商品时需要货比三家以寻求商家提供更大的利益让渡……

尽管商业活动每天都在市场上发生，但因为信息不对称，双方信任关系一时难以完全确定，使得交易成本大幅提升，这造成市场行为的低效率。换言之，因为交易双方缺乏彼此的充分信任，不能建立长久的信赖关系，使得商业价值难以实现最大化与最优化。

因此，**做企业的唯一宗旨就是要千方百计致力打造值得消费者信赖的品牌，培养并建立起长期彼此忠诚的客户关系，而利润应是服务者获得的价值奖赏。**

从个人到企业再到国家，信任的获得、信心和信赖关系的建立，足以影响人生与国运兴衰。

概言之，在做好客户的“一诚三信”的逻辑关系中，“诚”是合作的起点，“信任”是合作的前提，服务过程中建立“信心”是关键，持续的认同与满意形成牢固的“信赖”纽带是结果，更是持续的服务与合作的又一开始。可以说，**“信赖”是“信任 + 信心”和时间的乘积，是在时间中不断积累的最大正能量和信誉账户的最大盈余。**

二、像管理资产一样管理客户信息资源

2012 年开始，国内中重卡商用车逐步进入低增长甚至负增长阶段，商用车 4S 店面临空前的竞争和压力。如何摆脱困境，如何在逆境中寻找适合自身发展阶段的商业模式和盈利模式，成为商用车 4S 店经营者最关心的问题之一。其中，汽车后市场（水平事业）的发展成为大家普遍关心的方向。

在经济新常态下，商用车 4S 店必须实现从主要基于增量的经营模式向增量与存量并举的经营模式转型。也就是说，商用车 4S 店的营收与利润增长点应更多依赖于服务、配件、销贷、改装、挂靠等汽车后市场的深度价值发掘。而要实现这种转变，关键在于有效保有客户资源的获取与维护上。没有一定规模的客户数量做支撑，要实现转型就无从谈起。

然而，深远团队的调研显示，对于客户资源的管理，很多经销商并没有给予足够的重视和利用。

1. 商用车经销商客户管理现状

2015 年，深远团队对某品牌 60 家经销商客户管理的状况进行了调研，分别从组织及人员、客户管理工具、客户管理意识及流程、客户管理制度、客户经营等 5 个维度进行了定量的指标测评。结果如图 5－1 所示，综合评分仅为 39 分。目前，商用车行业经销商客户管理工作评分基准参考值一般为 70 分，显然，该品牌经销商在客户管理工作上还有很多功课要补。

调查结果显示，因为各种原因，商用车经销商在客户管理工作中，普遍缺乏相应的基础性制度保障，无明确组织及人员，缺乏有效的工具、流程及制度，导致客户管理工作难以执行落地，使得客户信息总体利用程度很低。

一般来说，客户管理工作包括六方面的内容：客户信息档案管

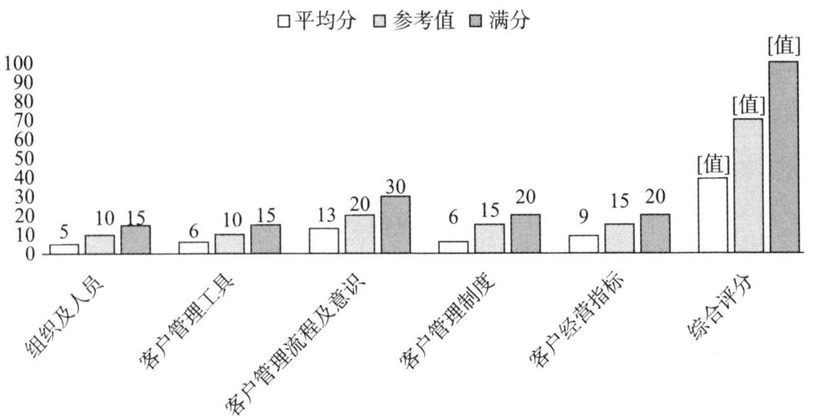

图5－1　某商用车品牌60家经销商客户管理工作调研评分

理、客户关怀与维护、客户满意度调查、客户投诉处理、客户信息数据分析及应用、重点客户开发与维护等。其中最基础的就是客户信息档案管理，它是开展其他客户管理工作的信息源头，决定了这些工作的成效。然而，很多经销商一直做不好这个最基础的工作。具体表现就是：

（1）总体缺乏客户管理意识，很多经销商都未设立专职客服管理人员，而是由销售顾问自行管理客户信息。这样做有两个严重后果：一是信息记录缺乏统一要求及标准，导致经常出现销售顾问的手机通讯录里有20多个“李老板”的现象；二是容易导致宝贵的客户信息严重流失，最终可能会给企业带来巨大的损失。下面这个真实的案例就以惨痛的代价说明了这个道理。

从2007年到2013年，某商用车品牌战略经销商累计销量超过3000台，但是企业客户信息基本是由销售人员私人掌握。不过，这段时期员工比较稳定，这个做法似乎没有什么不妥。不过到了2014年，某区域直营店长离职去做了二级经销商，他不仅带走了3000个基盘客户，还带走了300个保有客户和30个忠诚客户。这对该战略经销商来说，犹如当头一棒，直接导致该经销商在当年的业绩直线下滑，最后到 2015 年不得不放弃该区域市场。

（2）一些已经使用客户信息建档工具（CRM 系统或《客户信息档案表》）的经销商，由于未能有效把关，在信息的完整性、真实性与有效性上未做严格审核，加上缺乏明确清晰的流程与更新维护缓慢，导致现有的客户信息利用价值很低。在辅导某商用车经销商时，深远团队让其导出并重新筛选 CRM 系统内的客户信息，结果发现 2600 余条客户信息档案，有效的仅 1000 余条。

（3）存在大量的“僵尸档案”。所谓“僵尸档案”，就是客户信息有效，但是长时间无人跟踪，客户与企业之间的联系未被激活的档案。统计数据表明，开发一个新客户需要的成本大概是维系一个老客户成本的 8 倍。也就是说，经销商每开发一个新客户，都要投入很大的成本，去做市场活动进行集客。然而，很多经销商却在收集了客户信息之后，没人去跟踪、去维护，结果就是花了代价，却不见成果，让很多潜在客户变成一堆无效的“僵尸档案”。

2. 管理客户信息档案的三种方式

针对以上出现的问题，可以通过以下三种方式，有效实现对客户信息档案的管理。

（1）对客户信息档案进行集中管理。

经销商需要确定客户信息建档的统一标准，包括使用统一的信息记录工具、清晰的建档信息标准、明确档案管理责任划分等。一般情况下，我们建议采用《客户信息采集表》采集客户信息，再由销售顾问按要求自行录入 CRM 系统，为客户建档。

完整的客户信息应该包括如下三段信息：客户基本信息、客户在用车信息与客户需求信息。同时，要根据不同类型客户的特点，明确不同的建档要求。例如，对于意向客户，除了记录客户的基本信息之外，还要重点记录客户的需求信息。信息员要每日对新建的档案信息进行抽检，并将检查结果反馈给销售经理。如此坚持做下去，才能形成有统一工具、有建档要求、责任划分明确的客户信息档案集中管理机制。

（2）对客户信息档案进行分类管理。

分类管理就是按照意向级别或重要程度对客户分门别类进行管理，以便对不同类别的客户采取不同的维护管理方式。按照客户在销售环节中的状态，可将客户划分为潜在客户、意向客户和保有客户。分类的目的是对客户实现精细化管理。因此，经销商往往需要从多个维度对客户进行分类。比如，根据客户采购规模的大小，可分为散客、大客户与行业客户；根据是否实现最终成交，可分为成交客户与战败客户，等等。对不同类型的客户，需要采取不同的管理举措。

以“战败客户”为例，除了要对其做战败分析，也需要定期回访，除非是客户转行不干了，否则所有的“战败”都是暂时的，不要轻易放弃。而“大客户”和“领袖客户”则需要由管理层牵头，进行重点维护。

（3）对客户信息档案进行动态管理。

所谓动态管理，就是对客户档案信息要不断进行及时更新，因为客户的状态是在不断发生变化的。更新的内容包括：客户联系方式、地址，现有车辆及运营情况，购车需求，等等。实现动态管理需要经销商制定相应的跟踪回访机制。例如对于潜在客户，要求每个月回访客户一次，每次回访都需做好信息更新记录并反馈信息员，第一时间录入客户档案信息系统。总之，定期或不定期地更新客户档案，才能做到对客户生命周期关键节点的跟踪，才能为客户提供及时有效的个性化服务，有效提升企业的客户价值挖掘能力。

总之，通过对客户信息档案的集中管理、分类管理、动态管理，杜绝“僵尸档案”“无效档案”的出现，这是商用车经销商做好客户管理工作的必经之路。必须像管理资产一样管理客户信息档案，这不仅有利于提升客户管理水平，提高客户满意度，更能够提高市场开发的针对性、提高市场活动开展的成效。

当然，客户管理工作不是一蹴而就的，需要逐步完善，持续改进。目前很多商用车经销商所做的还只是信息建档和信息管理内容这样初步的工作，甚至就是这些基础性工作结果也是打了折的。因此，除了经销商管理层要有持之以恒的推行决心外，更需要建立起相应的管理机制与科学工具方法，这是客户管理的基础保障内容。

三、五步让你轻松管好客情关系

近十年的商用车经销商驻店辅导，接触过的商用车销售人员不下千人，其中有两个给我们留下了深刻的印象。一个是广东区域某经销商的大客户经理，通过双脚跑遍东莞区域所有物流园，在第三方物流行业蓬勃发展之际，积累了一批自己的客户，在东莞第三方物流行业树立自己的鼎鼎大名，近五年保持着年销量三百台以上的业绩，成功开发了数个行业内规模排名靠前的大客户。他现在已经不用再背包逐个拜访新客户了，主要是通过老客户转介绍获得新的客户增量。还有一个是安徽区域某经销商的一名资深销售顾问，他所销售的品牌在安徽区域属于弱势品牌，销售难度极高，其他销售人员每月销售 2 ~3 台，而他月均销售 10 台以上，一年可以达到 120 ~150 台，占公司总销量的 40% 左右。

他们有如下几个共同特点：一是从业时间较长，都在 10 年左右；二是前期做市场非常勤奋；三是非常重视老客户关系维护，并逐渐建立个人影响力；四是非常重视意向客户跟进；五是个人特质，他们都待人诚恳，值得信赖，为人仗义，善于交际，等等。

看上去，这两个销售员的成功都是个人努力的结果，很难复制。其实不然。经过深入分析，我们将之提炼成为一套科学的客户管理机制与方法，让更多经销商能够运用，从而让更多销售人员能有效提高客户维系的黏性、销售成交率与客户管理的规范性。我们将这套机制与方法概括为“建组织、明目标、管客户、会分析、定制度”。

1. 建组织

所谓建组织，就是经销商需要成立独立的市场客户部门进行客户管理工作。其中有两个要点：一是部门独立，由总经理直管；二是设置专职岗位，一般标准配置 3 个岗位，即市场客服部经理/主管、客服专员、市场专员（可由市场客服部经理兼职），人员编制最低要求2人以上。

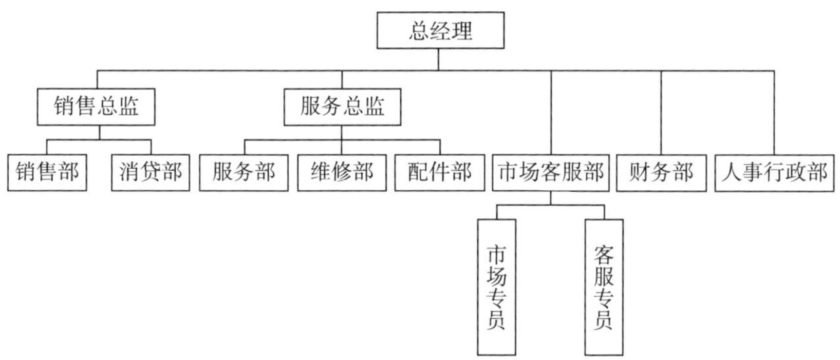

图5－2　市场客户部在公司组织架构中的位置

2. 明目标

成立独立的客户管理部门，是为了更好地提升客户管理的成效。而要做到这一点，还需要对该部门及人员设置工作目标。有目标才有方向与压力。设置目标的方式就是，导入客户管理的效果评估指标体系，如表5－1所示，并将之与行业参考值进行对标，根据企业的现状，确定符合企业需要的目标数值。

表5－1　客户管理的效果评估指标体系

模块	指标	行业参考值
结果指标	潜在客户收集（单位：个/人/月）	30～50个/月
	意向客户收集（单位：个/人/月）	5～10个/月
	卡车之家等网络渠道线索量（单位：个/月）	20～30个/月
	人均销量（单位：个/人/月）	3～4台/月
	人均维护客户数量（单位：个/人/月）	500个以内
	订单量（单位：个/人/月）	3～5个/月
	交车量（单位：个/人/月）	3～5个/月
	战败量（单位：个/人/月）	10个/月

续表

效率指标	潜在转意向效率	5%
	意向转成交效率	10% ~30%
	保有客户流失率	10% ~15%
	老客户再购率	30%
	老客户转介绍率	20%
	卡车之家等网络渠道成交率	5% ~10%
	客户回访率	90%

3. 管客户

在销售客户管理中，需要管控好以下两个关键点。

一是管好客户建档。客户建档是客户管理工作的起点，具有基础性的作用。在客户建档过程中，最难的是将客户档案完整、准确、详细登记并录入客户管理系统。而且，往往因为录入过程复杂烦琐，让不少销售人员非常反感，从而导致一直难以做好客户建档的工作。根据我们的辅导实践来看，最好的解决方法是选择一个合适的客户管理系统。具体来说，要满足几点要求：行业定制化、基于移动互联网平台、系统操作界面友好等。

其中，“深远云移动客户管理系统”就是目前专门服务于商用车行业的客户管理系统，受到客户的高度认可。在客户建档过程中，系统将客户档案的信息分成了若干项，对潜在客户、意向客户（如表5-2所示）、成交客户（如表5-3所示）等都设定了必填项。

表5-2 潜在（意向）客户信息档案必填项

信息类型	具体信息
接洽基本信息	接洽时间、销售人员
客户基础信息	客户姓名、联系方式、地址、客户类型、接触方式

续表

客户关联信息（行业客户）	公司名称、区域（县/区）、公司地址、联系人、联系方式
现有车辆及运营信息（个人终端、二级终端）	品牌、品系、驱动形式
客户购买需求（二级终端、个人终端）	品系、客户初始级别
客户跟进信息	工作内容、最新更新日期、客户最新级别

表 5-3　成交客户信息档案必填项

信息类型	具体信息
车主信息	车主姓名、移动电话、地址（市、县/区）、客户类型
销售信息	交车时间、底盘金额、付款方式
车辆信息	车型、品系、底盘号（VIN）、车牌号
营运信息	行驶线路（主要）、挂靠公司
保险信息	保险公司、投保日期、险种、保险金额
销贷信息（付款方式为“消贷”时）	首付金额、贷款金额、月供金额、月供日期、贷款公司
客户跟进信息	工作内容、最新更新日期、跟进人员、车辆最新状态、客户最新状态、下次回访日期

二是管好客户跟进。客户管理，实际上就是要将客户跟进机制化、常态化与智能化。在工作中，出于业绩需要，销售人员往往只对购买意向强烈的客户跟进得比较紧，而忽视对保有客户、潜在客户的跟进工作。如果公司不做具体的要求与提醒，销售人员对后者的跟进工作往往就是随心而为，因而也就没办法真正实现客户管理的目的。因此，在进行客户管理辅导中，我们会对客户跟进频次进行标准设定（如表 5-4、5-5 所示），并将跟进标准固化到深远云

客户管理系统的流程中，做到实时监控与提醒，确保客户跟进工作能真正执行到位。

表 5－4　潜在客户、意向客户回访标准

购车周期	最低回访频次
一周内	每 3 天内至少跟进一次
半个月内	每 5 天内至少跟进一次
一个月内	每 10 天内至少跟进一次
二个月	每 15 天内至少跟进一次
三个月内	每 30 天内至少跟进一次
半年	每 60 天内至少跟进一次
一年	每 90 天内至少跟进一次
一年以上	每 90 天内至少跟进一次

表 5－5　成交客户回访标准

购车周期	最低回访频次
交车开票后 3 天内	至少跟进 1 次（了解客户上户情况等）
交车开票后 10 天内	至少跟进一次（提醒客户做首次保养等）
交车开票后每 3 个月	至少跟进一次（提醒客户万公里保养、车辆运营情况、保险到期提醒、年审提醒、客户关系维系等）

4. 会分析

不管是对客户建档还是保持对客户的跟进，都是为了能深度挖掘客户价值。具体可以通过召开专门的客户分析会进行，参会的人员包括客服、销售顾问、销售经理、总经理等。各岗位人员在会议中汇报内容事项如表 5－6 所示：

表 5－6　各岗位人员客户分析会中的汇报内容事项

参会人员	汇报沟通内容
客户经理/专员	客户管理推进情况统计 客户信息分析 客户管理存在的主要问题及改善方案
销售顾问	针对意向客户跟进进展情况进行分析，沟通需要支持事宜。 “成交客户”与“战败”案例分享，分析成功及战败原因。 汇报下一步客户开发及跟进计划
销售经理	针对 A 级以上级别客户、战败及成交客户提出跟进建议。 根据销售人员客户管理工作进展情况，制订与落实工作计划
总经理	针对客户管理提出指导意见

5. 定制度

没有规矩，不成方圆。一切管理绩效，都需要制度的保障。在销售客户管理制度中，包括但不限于客户分类分级标准、客户回访频次及要求、客户信息提报标准等内容。其中，对客服、销售人员设定合理的绩效考核方案至关重要，重要的绩效因子设置如表 5－7 所示：

表 5－7　考核客服、销售人员几个重要的绩效因子

绩效因子	具体内容
有效客户数量	潜客数量目标、意向客户新增目标等
客户提报治理	回访查证有效客户数量、有效客户比例等
客户黏度	跟进正常比例、回访正常比例等
销售满意度	新车客户 7 日回访满意度等
客户购买需求（二级终端、个人终端）	品系、客户初始级别
客户跟进信息	工作内容、最新更新日期、客户最新级别

四、从“高安模式”学如何做好大客户营销

什么是高安模式？要回答这个问题，首先从高安的汽运市场说起。

“有路就有高安车”，说出了高安汽运产业的“霸气”；“有货就找高安车”，印证了高安汽运产业的实力。高安货车名不虚传：全市有10万农民参与了汽车运输业，拥有大小货车数万辆，近千家大大小小的汽运公司，其中有高安汽运、瑞州汽运、江龙汽运等几大汽运集团。近些年，高安汽运市场以全国最实惠的金融贷款政策、最便利的上户代办流程，以及国内最大的货车二手车市场平台，吸引了全国各地的客户前来高安购买新车二手车并挂靠汽运公司，不仅各地的终端客户得到了实惠，高安的汽运公司也获得了相当可观的经济效益……种种要素加起来，成就了行业内独树一帜的高安模式。

这两年，在经济环境不佳且商用车市场大幅下滑的背景下，深远汽车咨询团队辅导的几家高安的商用车经销商均收获了同比销量翻番甚至连续两年翻番的逆市佳绩。成功的原因何在？我们认为，主要是大客户营销做得好。相较其他区域，高安有更为成熟的大客户管理经验，因为当地商用车经销商的主要客户来源是大大小小的汽运公司。如果将每个汽运公司都作为一个大客户，那么每个经销商至少都有上百个大客户要管理。

高安的商用车经销商在大客户营销上有什么独到之处呢？虽然不少经销商实际上做得非常成功，但没有做过系统性梳理。他山之石，可以攻玉。通过深度的调研辅导，深远对高安模式下的大客户营销做了深入研究，并将之总结出来，以供其他地区经销商借鉴。

1. 以扎实调研摸底为大客户建档，确定目标客户

高安有数百家汽运公司，要全面梳理并建档殊为不易，但这步工作必不可少，是大客户营销工作的基石。根据高安当地的市场特

点，深远团队与经销商共同开发出了一套汽运公司建档的方法。

首先，是以扫街的方式对高安地区所有汽运公司进行摸排调研，了解当地每家汽运公司的规模、挂靠数，终端客户使用的品牌品系车型、运营行业、线路与车主属地等基本信息。此外还对市场的发展变化、客户的诉求以及其挂靠竞品车型的情况进行调研。

在逐步收集完以上基本信息后，再做初步筛选，主要根据是否符合经销商经营品系车型，从而确定潜在的目标客户。

2. 注重跟进的内容，获得更精准有效的意向信息

对于这些筛选后的目标客户，则及时安排销售员进行跟进管理。在进行具体跟进之前，还要根据前期的成交数量或潜在的市场空间，确定目标客户的重要程度，据此进行分级。不同级别采用不同的频度进行跟进（实际方案依各经销商具体情况而定）。

跟进的方法主要包括两类，一类是现场拜访跟进，一类是电话或微信短信跟进。针对重要客户（即高级别汽运公司），尽可能采用现场拜访跟进的方式。无论采取哪一种方式，都应制订相应的月度计划与执行标准。如果仅对是否跟进或跟进频次提出要求，销售员往往会应付了事，在内容记录上草草几笔，这种没有深度的跟进方式，会错过与遗漏很多潜在的意向机会。

所以，相对于跟进频次，应该更加关注跟进的内容。所谓内容，就是及时了解到目标客户的意向信息动态。跟进的最终目标就是为了实现成交，而比别人更早掌握到客户的意向信息，就意味着越有机会获得成交的机会。

具体来说，关于目标客户直接或间接的意向信息包括：有利于规划销售方向的市场动态信息、有利于发现更多客户聚集地而增加外拓点的信息、有利于设计销售话术与制定应对策略的本品与竞品的诉求信息（满意的地方和抱怨的问题）、有利于发展更多潜在或意向客户的转介绍信息、有利于挖掘出被访对象的直接意向需求的信息……只要是有利于销售的关键信息，都须及时记录下来。当然，最需要标注清楚的是意向需求信息。

当前，多数销售员在与客户沟通时只会被动收集客户信息，因而多数时候都收集不到有用的信息。针对这种情况，需要经销商对销售员进行相关培训，使其能够掌握一定的沟通技巧，从而更有效、更深入、更精准地引导客户提供更多相关的意向信息。

3. 制定应对策略，攻克大客户

商场如战场，知己知彼方能百战不殆。收集客户信息，是为了做到有的放矢。企业负责人与销售人员可以根据不同信息类别，为客户制定相应的个性化销售策略。具体而言，主要包括以下几类：

（1）产品诉求满足策略

根据获取的本品与竞品的诉求信息，选择能够尽可能满足客户诉求的产品配置或调取相关资源，以满足客户的产品需求，同时设计好配套的介绍话术。

（2）金融政策与定价策略

如果从沟通中了解到客户资金实力有限，可提供零首付或低息贷款等优惠的金融政策；如果客户想不断压低价格或总认为我们的产品没有价格优势，可以根据情况，或是给一个最优惠的价格，或者以别的话术化解客户的压价。

（3）营销与公共策略

如果上述产品及金融策略都能基本满足客户诉求，就需要了解这个大客户公司谁具有最终决策权，根据他的性格特点等信息与竞品营销公关方式，制定自己的公关突破策略。

以上内容只是对高安模式及其大客户管理方式的简单介绍，在具体落实过程中，还需要根据每个经销商不同的情况进行调整与完善。

五、客户关怀不妨从交车留影板做起

交车留影板是商用车各大品牌厂家在4S店建设指导及验收时的必选项，也是展厅氛围打造的关键工具之一，在提升客户店面体验感知与客户关怀上至关重要。然而，在商用车4S店中，我们看到的现象往往是交车留影板受到不同程度的“冷落”，具体表现为：

- 留影板上没有交车照片；
- 交车照片长时间未更新；
- 照片粘贴凌乱；
- 留影板破旧不堪。

交车留影板何以受到如此“冷落”，原因有如下几个方面：

- 不清楚交车留影板的重要性；
- 不知道如何有效使用交车留影板；
- 未明确具体的责任人进行更新维护；
- 缺乏监督检核机制保障交车留影板应用到位。

那么，如何才能用好交车留影板以提升客户体验与关怀感呢？根据深远团队多年的商用车驻店辅导经验，我们认为要用好交车留影板，必须做到三点，即老板重视、规范维护与灵活应用。

1. 老板重视

在企业里，员工往往只重视老板重视的事情。客户留影板应该是4S店中的“老板工程”。因此，4S店的总经理应该将之作为一项日常管理工作，列入每日工作内容之中，比如可以每日检视。同时，指定专人，比如市场经理或与销售、市场工作相关的工作人员，负责更新维护交车留影板，并在相应岗位的考核中将交车留影粘贴的规范性、更新的及时性等作为重要的考核指标。

2. 规范维护

管理就是要定标准，让事情有规可依。同样，交车留影板的管理也需要制定相应的标准，使其制作与维护都能有规可依。根据辅导经验，我们总结了如下几条留影板的管理规则：

• 给交车留影板取个人性化的名字，比如，“我们的美好记忆”“开心一刻”“精彩瞬间”，等等。

• 交车留影照片规格统一化：均为横向或者纵向的照片。

• 交车留影的内容：除了销售顾问外，务必邀请车间主任或服务站长进行合影，做好客户服务的“交接棒”。

• 粘贴要规范：照片可以按品系、按区域或客户群等维度进行归类粘贴；每张照片采用统一的标签标记客户姓名及时间等；照片粘贴注意对整齐。

• 做到定期更新，被更换的照片可以做成相册，放在留影板旁。

• 除了散客的交车留影外，还可以把大客户的大型交车仪式照片或公司的重要时刻照片放上去做长期展示。

3. 灵活应用

一个工具是否有效，不在于其有多么的“高大上”，而在于是否能取到实际的效用。毋庸置疑，只要能用好客户留影板，所取到的作用将是巨大的。那么，怎么才能真正用好留影板呢？我们精选了以下几种方式可做参照：

• 老客户再购或增购时，引导客户看留影板，当看到我们一直珍藏着他买上一台车的照片时，内心肯定是会感动的。

• 销售顾问可以灵活借助交车留影，作为破冰的话题或成交促进的工具，新客户在看到那些充满人情味的交车留影板时，会在不知不觉中对我们产生好感。

• 所有照片均冲洗 2 张或以上，除粘贴的照片外，剩下的可以快递给客户，或者在客户进店进行首保时送给客户，也可以作为行销时上门拜访的理由，这些做法往往可以给客户带来小惊喜。

• 交车留影还可以作为激励销售人员的工具，比如依据上榜照片的数量来评定销售明星。

- 在夕会或周例会上，有图有真相，可以通过看图说话等方式，让销售顾问看着交车照片分享有代表性的销售案例，提升内训的效果。

总而言之，小小的交车留影板效用也可以很大。只要用得巧，就可以让客户感受到我们的“用心、贴心和关心”。当你还在为展厅留不住客户发愁时，请用心聆听一下交车留影板的声音：“其实，我可以帮到你”。

六、客户投诉不是找麻烦，是企业机会

每一个企业都不可避免地会遇到客户投诉问题。但是，如果企业能重视并有效应对客户的投诉，那么客户投诉不仅不是件坏事，反而是好事。比如海尔正因为非常重视客户投诉，并通过客户投诉去深度了解客户需求信息，不断改善产品和服务，从而成为客户日益信赖的品牌。相反，如果不能正确对待并有效处理客户投诉，则很可能会给企业带来难以估量的损失与难以挽回的品牌伤害。比如，前些年由于三菱没有足够重视客户对帕杰罗品牌越野车的投诉，未能采取有效的应对措施，使其品牌声誉大受影响，进而让三菱在中国的销量一落千丈。

在我们对商用车经销商进行驻店辅导时，也常常发现这些企业在应对客户投诉时，存在着这样或那样的问题。比如，有些企业不重视客户投诉，造成小问题变成大问题（我们见过一家企业，它的客户投诉新车有一个小问题，没有重视加以及时处理，结果客户堵了公司的门要求退车，甚至还请来了媒体报道）；有些则表面上重视，遇到投诉会马上道歉但没有具体改善行动，或做出承诺却迟迟不兑现等，致使客户非常不满；有的则在面对客户投诉时，缺乏有效应对方法与措施，陷于被动状态。

企业之所以不重视客户投诉，有个很重要原因就是没有认识到客户投诉对于企业的价值，更多的是将投诉视为客户找企业的麻烦。因此，要有效应对客户的投诉问题，首先要对客户的投诉有正确的认识，就是将客户投诉视为企业价值改进的机会，而不是客户对企业的责难。在这个认识基础上，再积极寻求解决客户投诉问题的各种方法，其中最关键的就是对客户投诉的问题进行分类，据此提出具有针对性的应对之策。

1. 正确认识客户投诉价值的三个维度

具体而言，我们可以从客户投诉的杠杆比、扩散比与成本比这三个维度来认识客户投诉之于企业的巨大价值。

（1）“客户投诉杠杆比”的维度

所谓客户投诉杠杆比，是指“不投诉客户数/投诉客户数≈24”。也就是说，同样遇到某个问题，只有4%的客户会向企业投诉，其他96%的客户则因为各种原因而选择不投诉。所以，当企业听到一声投诉时，实际上代表了背后还有24声投诉。那么，为什么会有那么多客户不投诉呢？首先，投诉是需要花费时间和精力的；其次，担心就算投诉最后也没有结果；最后，硬忍了，直接更换另一家企业。另外，还有些客户是指望别人投诉成功，顺便把自己的问题给解决了。因此，在对待某个前来投诉的客户时，企业应该加以高度重视，因为他（她）背后有更多遭遇到相同问题的客户。千里之堤，溃于蚁穴。忽略任何一个客户投诉，都有可能给企业带来不可挽回的损失，甚至是致命的危机。

（2）“客户投诉扩散比”的维度

进入到互联网时代，口碑的价值越来越凸显。研究表明，在前互联网时代，一个不满意的客户能影响到的人数在12人左右，进入到互联时代，由于传播途径与方式的变化，比如微信朋友圈、微博社交媒体等，能影响到的人数成几何倍数增长。也就是说，客户投诉的扩散比被放到极大，一旦某个客户产生不满，其所发出的不良口碑，不但会使已有客户产生不信任感，还会使潜在客户流失，给企业的利益与形象造成极大的损害。

在这样的情形下，应对客户投诉问题最好的方法，就是要防患于未然。具体来说，企业可以通过各种方式鼓励客户在产生不满时，向企业直接投诉，为客户提供直接宣泄机会，使客户不满和宣泄处于企业控制之下。一旦客户来投诉，必须及时妥善处理客户的不满，以免事态升级，从而变得不可收拾。

（3）“客户投诉成本比”的维度

权威研究数据表明，开发一个新客户的成本是维持一名老客户成本的6倍。因此，保持与维护好老客户的关系，对于企业经营来说，具有非常明显的价值。而能否很好地应对与处理客户的投诉问题，将直接决定能否与老客户保持良好的关系，留住老客户。其他的相关研究进一步发现，50%～70%的投诉客户，如果问题得到解决，还是愿意与该公司做生意；如果解决的速度超出客户的预期，这一比重更是会上升到92%。从这个意义上来说，客户投诉是企业维护老客户良好关系最为直接、也是最后的补救机会。

2. 客户投诉的两种类型及其心理分析

如上所述，有效处理客户投诉，不仅能将很多客户的问题化解于未发之时，更能帮助企业改进产品，乃至增进与客户之间的关系。那么，在具体工作中，该如何有效应对客户的投诉，为客户提供具有针对性的解决方案呢？要回答这个问题，就必须熟悉各类客户投诉时的心理，对他们的诉求有深入的理解。

总的来讲，我们把客户的投诉可分为理性投诉和非理性投诉两类。所谓理性投诉，更多是对产品或服务本身所出现的问题进行投诉；而非理性投诉，更多是对自己使用产品或接受服务时产生不满意感受进行投诉。在生活中，几乎所有客户都是两类投诉的组合，有些更理性些，有的更为感性些。

就理性投诉来说，客户在投诉时会直截了当地告诉企业，产品及服务有哪些不足，会客观地陈述所遇到的问题和不满，并对问题进行归纳和总结，甚至会为企业提出初步的解决办法。他们虽然会要求补偿，但一般不会漫天要价，而是要求对使用与投诉中造成时间及金钱的损失进行补偿。

对企业来说，以理性投诉为主导的客户，是一笔应该倍加珍视的财富。企业不仅要将客户提出的问题尽最大努力解决，还应超出客户预期，使之成为企业最为忠实的客户，帮助企业改善进步。

就非理性投诉来说，客户一般有以下四种主要心理诉求，而且往往是混在一块的，需要企业用心感受客户的心态，积极引导。

第一，发泄与报复心理。非理性投诉的最基本需求就是将自身不满传递给企业，把自己的怨气发泄出来，以使不快的心情得到释放和缓解，恢复心理平衡。这时，企业人员耐心倾听就是帮助客户发泄的最好方式，切忌打断客户。另外，尽量营造愉悦氛围，引导客户的情绪。

当客户对投诉的得失预期与商家的相差过大，或者客户在宣泄情绪过程中受阻或受到新的伤害时，某些客户会从一般发泄心理演变成报复心理。当客户处于报复心理状态时，往往就会不计个人得失，不考虑行为后果，只想让商家难受，出自己的一口气。此时，企业服务人员应通过各种方式及时让双方的沟通恢复理性。对于少数有报复心理的人，要注意搜集和保留相关的证据，以便客户做出有损企业声誉的事情时，公之于众以明是非曲直。

第二，寻求认同与尊重心理。客户在投诉过程中，一般都努力向商家证明他的投诉是对的和有道理的，不是无理取闹，希望得到企业的认同，而这背后又是客户希望企业给予他足够的尊重，希望服务人员或管理人员加以万分重视，并且要求立即采取行动解决问题，同时认错并赔礼道歉。此时，客服人员在了解客户的投诉问题时，对客户的感受、情绪要表示理解和同情，但是不要随便答应客户的要求。回应是对客户的情绪认同，是对客户应有的尊重，这样做有助于拉近彼此的距离，为后面协商营造良好的沟通氛围。

第三，补偿心理。除了把心中的怨气加以宣泄，他们更希望通过投诉获得补偿，除了前面所说的物质补偿，更多是心理补偿，即寻求尊重，以求得心理平衡，如果企业处理不当，更会提出对精神损失的赔偿要求。

第四，表现心理。客户在投诉企业同时，往往会对企业的产品提出各种批评意见，教导企业要如何去做。这背后其实是人的一种好为人师的自我表现心理，即自己比企业更加高明。因此，利用客户的表现心理，企业服务人员在处理投诉问题时，要注意夸奖客户，引导客户做一个有身份的、理智的人。另外，可以考虑性别差异的接待，如男性客户由女性接待，在异性面前，人们更倾向于表现自己积极的一面。

总之，企业必须深刻洞察客户的心理状态，培养准确分析客户心理的能力。对于理性的投诉，我们要以具体的行动加以解决；而非理性的投诉，更多是客户不满情绪的宣泄，需要加以引导与安抚。

七、处理客户投诉六步法

鼓励不满客户投诉并妥善处理，不仅能够有效阻止客户流失，更能通过把客户的不满转化成客户满意，让他们对企业和产品更为信赖。因此，如何利用处理客户投诉的时机，正确有效地处理好客户投诉问题，进而赢得客户对企业的忠诚，已成为商用车服务营销最为重要的内容之一。

那么，遇到客户投诉，如何处理才是最好的应对方式呢？基于几年的驻店辅导经验，深远汽车团队总结出了处理客户投诉的六步法，帮助商用车行业的服务人员有效应对客户投诉的问题，化解矛盾，感动客户。

具体来说，处理客户投诉的六步法步骤如下：第一步，鼓励发泄，排解愤怒；第二步，充分道歉，控制事态发展；第三步，收集信息，了解问题所在；第四步，承担责任，提出解决方案；第五步，让客户参与解决方案；第六步，承诺执行，并跟踪服务。

第一步：鼓励发泄，排解愤怒

一旦客户走到投诉这一步时，往往就意味着客户通过正常途径已经无法解决自己遇到的问题了，中间遇到的交涉挫折让他的心情无法保持平静，往往还会非常激动。因此，面对投诉的客户，首先应该让客户将心中积蓄的郁闷发泄出来，等到客户心情平静后，能正常沟通时，再向客户询问事件的来龙去脉。

现实中，每个客户的性格不一样，说话的速度、说话的口气都不一样。因此，客户服务人员最需要的是耐心，这是做好服务工作以不变应万变的最高法门。在此基础上，服务人员还应掌握两点：一是以积极心态面对，在面对客户投诉时，控制好自己的情绪，真诚地倾听客户的抱怨，不要急着辩解，不要跟客户争输赢，就是说在客户投诉过程中，不轻易地打断客户的话，让客户把话说完，当然在这个过程中可以做适当的附和，可以说一些“嗯”“我理解您的心情””等类似的附和词语；二是积极倾听，所谓听话听声，就是注意听清客户的语气和内容，努力从客户陈述中思考客户投诉的原因，听懂客户陈述背后的要求是什么，在此基础上给出相应的解决方案。

第二步：充分道歉，控制事态发展

在客户充分发泄情绪并讲述清楚遇到的问题后，客服人员首先要做的就是“充分道歉”，比如：“对不起，某先生，由于我们工作的疏忽给您带来了麻烦，我真诚地跟您说声对不起。”道歉时语气一定要真诚，常言说，伸手不打笑脸人，你已经道歉了，客户很可能也会退让一步。

记住，不要吝啬你的道歉，主动道歉并不是说让你承认所有责任，而是表明你对待客户的态度。客户因为不满而投诉，这种心情可以理解，也能认同，而且要让客户感觉得到。但认同不等于赞同，因为有的时候客户在气头上很可能说出过分的要求或者不理智的言语，这时可以说：“某先生，我非常理解您现在的心情，您别着急！”

第三步：收集信息，了解问题所在

在沟通中，应该采用积极倾听的方式，鼓励客户把细节讲清，并运用适当的询问策略与技巧，理清楚客户真实的诉求所在。比如，在客户抱怨的时候，可以运用开放式的提问，让客户说出事情的大致经过，如“发现水温高后，发动机有什么异常现象”？之后可以运用封闭式问题，将客户的问题具体化，如“发动机是否还能启动”？

具体而言，在这一步的沟通过程中，要灵活运用以下三个原则：

准确性原则：表达的意思要准确无误。客户在表达的过程中，要充分了解到客户的用意，对一些信息的理解感觉不是特别准确的时候，要适当做笔记或者重复客户的意思，进一步确认信息的准确性。

完整性原则：表达的内容要全面完整。不要主观判断，不要认为自己全部记住了，这样有可能会遗漏顾客重要诉求。因此，在结束的时候，要重复客户的意思，以确保客户的全部诉求都已经记录下来了。

策略性原则：沟通时要注意表达的态度、技巧和效果，多用赞美、理解、肯定的语言，以慢慢抚平客户的抱怨情绪。

第四步：承担责任，提出解决方案

主动提出解决方案，而不是等到客户先开口要“价”，这在处理客户投诉时至关重要。如果是主动提出给客户一定的补偿，表明企业对待客户的投诉态度是真诚的，是不会逃避责任的，从而让客户心理上产生基本的信任。其实，绝大多数投诉客户的要求都是比较容易满足的，他们所需要的就是投诉得到重视，问题得到解决，并不会漫天要价，提出很过分的要求。

第五步：让客户参与解决方案

让客户产生信任感，是解决问题的终极武器。如何才能让客户真正信任企业呢？最好的方式就是让客户参与到解决方案设计中。如果客户提出的都是很理性的要求，完全可以由客户说了算。

第六步：承诺执行，并跟踪服务

最后一步，就是履行承诺，及时向客户通报处理的情况，让客户感觉到自己的问题被高度重视并在积极解决中。在维修出厂后，还要跟踪了解客户车辆状况，维护好客勤关系。

第六章

公司治理

从草创到规范

一、经销商如何打造一家经营规范的企业

不断提升组织能力是现代企业持续改善的常态目标，打造规范经营体系是家族企业、传统企业向现代公司转型的必经之路，也是开展公司治理的基础。

这几年，深远团队在为某品牌商用车战略经销商开展公司治理评估认证项目过程中发现，多数经销商还没有脱离草创时代的色彩，企业规范经营的基础还有待夯实。而企业要实现跨区域集团化发展，开展水平事业延伸、筹融资、股权激励等方面的工作，企业经营的规范化是前提。因此，如何打造规范经营的公司，成为很多以夫妻店、个体户和合伙经营起家的经销商企业要面对的问题。

那么，怎么样才算是公司经营规范呢？如何才能做到规范呢？

规范经营的公司具体体现在以下几个方面：清晰的主营业务、顺畅的业务流程、基本的组织保障、专业分工的员工团队、明确的岗位职责、公平公正的绩效考核和薪酬方案、严谨的管理制度、清晰的目标管理和反馈检核机制、独立规范的财务职能、严密的内部控制和风险管理体系等。换言之，企业要实现经营的规范，就必须做到**业务规范、管理规范和经营规范**。

1. 业务规范

清晰的主营业务是任何一家企业战略性选择和适应市场的基础。一定时期内，专注于一个行业是大多数企业实现稳健经营的最优选择。当然，随着企业的技术能力、管理能力及其他资源不断累积与提升，从而让经营业务与范围扩展，实现从专业化向多元化的转型升级。

业务经营是价值创造与转换的过程，符合客户需求是竞争力的基础。不过，业务经营的过程也是企业经营风险产生所在。因此，经营流程的规范非常重要，合规是底线，合法是准绳。从采购到生

产、从销售到汇款，都需要设计出顺畅、严谨、合理、合规的流程；在质量、环保、客户承诺等方面，要符合供应商、行业标准、法律法规、客户等的要求；在进行广告推送、产品推广、市场宣传、集客营销与提供服务等业务时，还需要符合公序良俗，也就是要符合基本的社会道德规范。

2. 管理规范

企业行为是一种组织行为，规范管理就是要规范企业向市场、客户、竞争对手展现出来的行为方式，而这就需要在组织结构、岗位职责、绩效考核和薪酬方案、管理制度等方面进行规范构建。

组织结构需要根据业务与职能的不同进行设置。大多数商贸型企业的组织结构必然包括采购部、销售部、服务部、市场客服部等业务部门与行政人事部、财务部等职能部门。

岗位职责需要根据业务类型、业务环节、专业知识依赖度、工作难度、工作强度等进行制定，这是制定绩效考核和薪酬方案的基础。岗位本质是一种专业分工。分工是推动企业专业化、高效运作的基础，也是现代经济发展的动力之源。在很多中小企业，岗位分工不明、一人多岗、工作难度和强度划分不均等现象很严重，虽然说这是所有企业在发展壮大过程中必然面临的阶段性失调，但越早进行岗位职责的规范性构建，越有利于企业后期的发展。

绩效考核的目的是为了更有效地调动员工积极性以实现企业的经营目标。不同的部门职责不同，绩效考核的重点与方式也就不同。对于业务部门，绩效考核主要考核其业务目标、过程目标、利润目标的达成，而作业标准规范的执行则作为辅助的考核指标；对于职能部门，尤其是财务部门，绩效考核须以作业标准规范为重点。

薪酬方案的设计与绩效考核方案息息相关，如果说绩效考核是手段，那么薪酬方案则是结果，薪酬方案是绩效考核的直接体现。两者相辅相成，在保障员工基本生活的基础上，更要能调动员工的主观能动性。经理层的薪酬一般包括基本工资、岗位工资和绩效工资，而员工薪酬包含基本工资和绩效工资。其中，基本工资可参考同行、同区域标准，岗位工资和绩效工资则要纳入考核范围，与目标达成情况挂钩。

管理制度主要包括行政制度、人事制度、员工行为规范、会议制度等。对大多数企业来说，制定制度不是难题，关键在于制度的日常落实与执行。很多企业制度上墙了，但是却落不了地。如果不是制度本身设计不合理，那就是没有做好制度的落实工作。前一种情况需要做的是对制度本身进行修订，后一种情况需要做的是做好制度落地的宣传、监督与检核工作，其中的关键在于管理层的坚决推动。

3. 经营规范

这里所说的经营规范，是指狭义的经营。如果说管理是对内的，那么经营则是对外的，两者加起来则构成广义上的企业经营（管理）了。狭义的企业经营就是价值实现的过程。规范经营体现在两个方面，一是对内的规范，即对投资人真实清晰地展现经营成果，这也是衡量经理层经营能力和员工价值贡献的基准；二是对外向工商、税务、金融机构和合作伙伴展现企业能力，包括企业营收规模、资产与品牌形象，等等。经营绩效应以同行或企业历史正常经营指标作为标尺，通过对业务指标和财务指标的比较，及时发现问题并调整业务策略和经营策略。同时，作为大多数做业务出身的经理层，需要逐步增强经营意识和利润意识，把控量本利的平衡，使企业实现经营的动态平衡和持续发展。

要实现规范经营，需要做好以下三个方面的工作。

首先，要有清晰的目标管理和反馈检核机制。员工的目标管理应以业务指标达成作为重点，并分月度、年度对目标的达成率进行检核；经理层的目标管理应同时将业务指标和利润指标作为重点，同时辅以管理规范、团队建设等方面的指标。

其次，要有独立规范的财务机制，这体现在《会计核算标准》《财务管理制度》《内部审计制度》等一系列制度的规范和贯彻执行上。企业良好的财务机制要求企业资产所有权和使用权清晰、运营资金具有封闭性、往来账清晰与应收应付款管控到位。它是企业"顺畅"运行，不出现资金短缺和紧张情况的重要保障。虽然很多企业的财务部是由董事长直接管控的，但向总经理、部门经理提供经营分析、财务报表和财务分析报告也是财务部需要承担的职能。

最后，要有严密的内部管控和风险管理体系。随着企业规模的扩大、筹资、投资活动的增加，内部管控与风险管理变得越来越有必要。以上提到的流程规范、经理层的业务指标和财务指标把控、财务部门的风险监督等都属于内部管控与风险管理的范畴。另外，作为管控方式的内部审计和外部审计，可以有效地发现经营过程中存在的问题，从而促进企业经营管理的规范。

企业的规范经营是开展公司治理的基础，是传统企业向现代企业转型不可跨越的过程。同时，规范经营更是一个需要持续改进的工程，需要投资人、经理层和员工一起努力，在经营的实践中不断完善修订企业的经营规则与制度。

二、如何完善经销商企业的公司治理结构

近三年，深远汽车团队在为某商用车品牌推进战略经销商的公司治理评估认证，意在引导经销商“完善公司治理结构、理顺内部责权利关系、建立民主集中决策机制、防范经营风险，提升可持续发展能力”。在这个过程中，我们发现，很多经销商对于公司治理的基础性知识还不是很了解。

1. 公司治理的目标

公司治理的最终目标是要达到“科学决策、高效运营、有效控制”，实现公司战略目标，使公司安全运营，不断提升公司的竞争力与可持续发展力。

所谓“科学决策”，就是要完善股东会、董事会或经营管理委员的民主集中决策机制，防止“一言堂”“一人说了算”所带来的决策风险；所谓“高效运营”，就是针对经理层建立目标管理机制、述职问责机制、决策信息汇报机制，以及相应的约束与激励机制，最大程度上调动经理层的责任心和积极性，实现战略与经营意图的有效达成与企业利益最大化；所谓“有效控制”，就是通过有效的内部分权授权机制及监事（会）对财务和董事、经理层行为的监督，有效防止“跑冒滴漏”、以权谋私等问题。

那么，如何才能实现公司治理的目标呢？一是做到企业制度的顶层设计，就是本文所要讲的企业治理机构的设置问题；二是要做到信息在企业内部实现上下高效通达，这一点我们将在《企业内部信息对称是公司治理的基础》中阐述。

2. 公司治理机构设置

按照《公司法》，具备条件的有限责任公司可以像上市公司一样，设置股东会、董事会和监事会，形成清晰的“决策、执行、监

督”的内部制衡与分权机制。不过，对大多数经销商来说，企业规模比较小，股东只有2～3个，如果像上市公司那样设置完整的治理机构，反而增加了人力成本，降低了决策效率。因此，在公司治理机构设置的过程中，不仅要考虑法律问题，还要考虑企业的实际状况，不要让公司治理成为企业的负担。

对于经销商这种贸易型公司来说，快速获取市场信息并采取应对措施更为重要。以下我们就根据企业的股东数量，来分析一下如何设置与之匹配的公司治理结构。

（1）一人独资公司要用好经营管理委员会

对于一人独资公司或法人独资公司，不具备设股东会的条件，那么该如何实现有效的公司治理呢？答案是设立并运用好经营管理委员会。大部分小企业都是一人独资，决策都是老板一个人说了算，经理层只是单纯的执行者。这导致“做老板的很累”，而且“一人犯错，公司全部遭殃”。与此同时，经理层因为不能参与到决策之中，找不到“主人翁”的感觉。

要改变这种情形，最有效的方式就是在公司设置经营管理委员会，将经理层纳入到公司的决策事务之中。经营管理委员会成员参与到公司发展战略规划、年度经营计划与预算、日常经营管理重大事项、公司组织结构与人员变动、绩效考核与薪酬激励等方案的调整与制定之中。这样做，除了能让企业的决策更为科学，还可以达到实现企业内部“思想统一、目标统一、行动统一”的效果。

（2）股东较少的公司需做好股东会和经营管理委员会的决策分工

对于股东较少的公司，最好只设一个股东会。如果同时设置股东会和董事会两套班子，不仅增加组织成本，还容易把相关职能混淆。

在经营中，关键是处理好股东会与经营管理委员会的决策分工问题，做到既能保证股东权利，又能保证经理层决策参与的有效性。具体来说，就是股东会的核心工作是把控公司发展方向与风险，包括重大项目投资、大额资金调配、投融资、重大人事任命、经理层薪酬等决策。同时，股东会在做好“审议批准经营管理委员会决议”的基础上，授权经营管理委员会，让其承担起日常经营管理事项的决策。

（3）股东较多的公司董事会决策是重点

对于股东比较多的公司，则需要组成董事会，授权董事会进行公司经营的决策，因为不是所有股东都能经常性参与公司重大决策。在公司治理机构设置中，做好股东会与董事会的决策分权是重点。

全体股东会每年开 1 ~2 次会议，要做的是把控公司发展方向和投资计划，选出代理人（董事、监事），审议批准董事会和监事会报告、公司预决算方案与利润分配方案等，而董事会要做好各种方案，交给经理层去执行并监督执行过程，对没有达成的相关负责人进行问责。

企业在不同的发展阶段需要不同的组织结构支撑，公司治理机构设置也是如此。也就是说，企业应该根据不同的发展时期与阶段，不断对自身的治理机构进行迭代升级。在只有 1 ~2 个股东的初创期可以只设置经营管理委员会，到了有 3 ~4 个股东的成长期时则需要设置股东会，进入到有 4 个以上股东的成熟期时，则可以成立董事会了。当然，对于那些成熟且规模比较大的经销商来说，为了增强股东决策的专业性，还可以聘请专业的财务、法律及汽车行业人士作为独立董事参与董事会决策。

总之，只有根据企业不同发展期的特点和公司治理需求，坚持“合法、合理、合情”的原则设置公司治理机构，方能取得事半功倍的效果。

三、实现信息在企业内部上下高效通达是公司治理的基础

公司治理机构的设置是企业实现公司治理目标的顶层设计，而实现信息在企业内部上下高效通达则是公司治理的基础能力，两者缺一不可。前者是制度性的权力制约与均衡，后者则是运营性的效率优化与风险把控。只有两者兼而有之，才能真正实现企业治理的目标“科学决策、高效运营与有效控制”。

本文将通过案例分析的方式，阐述健全的信息管理系统对于建立现代企业制度的关键性基础作用，以及在企业内部实现信息高效的上通下达之于公司治理的重大意义。

1. 创业中的“亲朋好友陷阱”

老钱是个典型的白手起家的老板，1993 年高中毕业后，就开始在县城卖水果。从摆摊、开店到批发，事业一步步发展，到 1999 年，他在县城已经拥有了 3 家门店和一个水果批发市场的摊位，年批发水果销售额达 500 万元，3 个门店的零售额也平均达到 150 万元。在当地，老钱算是小有成就的人士了。

在创业过程中，亲戚朋友给予了老钱很大的支持。在老钱创业一年后，亲戚纷纷跟着老钱做事，采购、理货、发货、运输、促销、跑业务等用的都是亲戚。由于初期业务不大，进销货全部靠手工记账，价格随行就市，在 1998 ~ 1999 年这两年，每年都有 100 万元的毛利。但是，1999 年之后，他发现规模虽然还在增长，但是最后算下来却没有什么盈利了。显然，经营出了问题。那么，问题出在哪里呢？

经过了解，他发现，尽管他承诺会拿出净利润的 40% 奖励给亲戚，但是他们还是以各种方式中饱私囊，比如外甥在采购的过程中吃供应商回扣，侄子在给乡镇分销门店送货的过程中，私自提高产品价格，吃“价差”……这些亲戚在工作中以权谋私，把老钱的生

意当成了自己的“取款机”。结果就是，老钱的生意表面上越做越大，利润却越来越少。

怎样才能克服这些问题，走出现在的困境呢？老钱陷入了沉思。

2. 改变利益结构，升级经营模式

老钱找到了工商局的朋友，询问县里有没有做生意遇到同样问题的人。朋友介绍老钱去找做家电的同乡老耿。

老耿跟老钱几乎是同时创业的，目前已在省会成立了公司总部。借助家电厂家的大力支持和 KA 渠道的扩张，老耿的生意已经覆盖了三个地级市 18 个县，拥有 19 个 KA 终端和 25 家专卖店，而且每个 KA 终端和每个店都已经实现盈利。老耿是怎么做到的呢？老钱兴趣盎然。

通过朋友，约了个时间，老钱前往省城拜访老耿。在参观了老耿的公司和门店之后，老钱向老耿说明了自己生意存在的问题，并向老耿讨教经营秘籍。因为都是同乡，且都是创业之人，老耿对老钱有惺惺相惜之情，于是毫无保留地与老钱做了交流。他讲述了自己的创业史，如何处理亲戚在公司任职问题，如何时刻掌握公司的状态，如何处理亲情和生意的矛盾，等等。

通过老耿的讲述和点拨，老钱一步步厘清了自己的问题，并找到了经营的改善策略。2001 年，老钱也在省城注册了公司，开展全省批发业务，同时把县里的批发业务注册为省城公司的分公司，全部雇用非亲戚成员经营。另外，老钱把终端零售门店让给自己的亲戚以加盟店形式去经营，并从县城的批发摊位拿货。这样既照顾了亲戚，让他们能够继续依靠水果生意赚钱，同时又解决了以前的“寻租”行为，并让企业的经营模式成功升级了。

3. 治理结构设置与信息管理系统双头并进

2004 年，为了感谢老耿，老钱决定引入老耿作为投资者，让老耿成为公司的股东，并让他将做家电的经验更多地带入到自己的公司之中。老耿带领自己的经营干将，对老钱的公司进行了详细审计，并针对性地提出了改进建议。

老耿建议老钱，要给跟随他多年的现任总经理小肖 10% 的股份，三个人共同持有公司股份，这样才能实现投资人、创始人和经理人的目标一致、利益捆绑，进而得以同心共事。

另外，在老耿的建议下，公司成立了股东会，每个季度开一次会，就公司业务发展、客户开拓、投资方向、重要人事任免等议题进行探讨，并对决议做好记录，三个股东要在工作中及时跟进决议执行的情况。老耿还建议，由总经理小肖牵头，与采购总监、仓储总监、销售总监和财务总监共同组成经营管理委员会，每周开一次会，除了落实与检核股东会决议重大事项，就是对公司的实时经营情况进行分析，解决日常经营中遇到的各类问题。而各个部门、分公司、门店则通过晨会、夕会、周会与月会等管理方式，及时总结与改进经营管理方式方法，使高层决策得到执行落地的同时，也能将市场信息及时传递给经营管理层，提升了整体工作效率和经营效益。

更重要的是，老耿引进了一套高效的 ERP 系统，使采购、仓储、分拣、运输、分销等全部业务活动都能实时跟踪了解，使得老钱的公司真正做到了信息通畅、决策及时、执行到位、监督有力。

这一系列的组合措施让老钱公司的经营发生了质的变化。到 2010 年，老钱已经成了省内十几家商超的供货商，直营门店数量也达到 100 多个，加盟门店 200 多个，成立了 6 家区域子公司，营业额达到 2 个亿。更可喜的是，老钱公司的门店品牌和水果品牌“老钱水果”获得消费者认可，在 2011 年之后连年获得“消费者最信赖品牌”。

2012 年之后，老钱又开拓了酒店、酒吧、旅游区等渠道，事业越做越大，越做越红火。

可以说，没有老耿的鼎力帮助，老钱的事业可能就像其他很多老板一样，于无声无息中就消失了。老耿将企业的经营管理与公司治理的经验传授给老钱，使老钱不仅建立起了规范管理的公司，摆脱了“做大即死”的宿命，还完成了从个体户到规范化企业、从单店到全省跨区域布局的转型升级。在这个过程中，完善的 ERP 系统和会议管理体系发挥了巨大的作用。

四、企业传承你做好准备了吗

人才与团队是企业实现稳定可持续发展的最为关键的要素之一，其中最核心的是企业领导人。对于创业企业家来说，自身就是企业的经营之魂。然而，再伟大的企业家也不可能一直经营企业，逃脱不了生老病死的自然规律。要规避人亡政息的悲剧，就必须解决企业的传承与交接问题。这正是当前中国很多企业遭遇到的重大问题。

那么，什么时候就要开始着手企业的传承工作？采取什么样的传承模式？什么样的方式才能够顺利实现交接？用什么标准选择接班人？

1. 企业传承的本质是实现企业可持续发展

山西海鑫钢铁集团曾是中国知名的民营钢铁公司之一，在创始人离世后，由其儿子匆忙上阵作为接班人继承企业。但是，接班人接掌企业后，将重心放到了金融领域，而不是原来作为企业立身之本的钢铁业务上。虽然开始两年，企业好像在金融业务上发展得不错，但是随着金融危机的爆发，一夜之间企业就变得负债累累，最终以破产重组收场。

何以如此？在很多人看来，好像是接班人自己作死。不过从公司治理的角度来看，这是典型的企业继承的失败案例。正因为海鑫钢铁集团没有提前进行安排，导致选择了一个并不合适的接班人继承企业，最终将企业带向了一条不归路。

家族的传承是血脉的传承，是家族基因的延续，而企业的传承本质上是要实现基业长青，是要企业能在市场竞争中实现可持续性发展。显然，创始人是不可能一直经营企业的，要实现基业长青，必须找到能持续引领企业发展的人。

2. 中国企业传承的三种模式

从目前已有的实践来看，中国民营企业要么是由子女继承，要么是由职业经理人接班。不过在具体形式上，不同企业有所不同，可以分为以下三种主要模式。

（1）子女继承模式

当前，子女继承是大多数民营企业首选的企业传承模式。子女继承模式的优点是可有效保证企业所有权和决策权的统一，不过处置不当也可能导致“功臣纷纷离职”的情况发生。“子女传承”模式比较成功的案例有红豆集团、万向集团、方太、碧桂园等，这些企业较好地实现了接班工作，保持了持续稳健发展。

子女继承的前提是子女愿意接班。现在很多企业家的子女往往更愿意选择自主创业，而不是继承家业。而且，因为计划生育等历史原因，很多企业家膝下只有独生子女，在接班人选上没有可转圜的空间。

（2）职业经理人团队接班模式

有越来越多的大型上市公司的民营企业开始选择职业经理人接班，原因在于上市公司更需要保持企业经营的稳健。相较于很多企业创始人子女，职业经理人团队无论是在企业自身、产品、市场和客户的熟知程度方面，还是在能力上，往往更具优势。在这种情况下，很多创始人子女也会短期或长期选择放弃做接班人的权利，选择做董事或大股东代表。典型的案例有美的集团。

在美的集团整体上市之时，美的董事会团队全部由职业经理人组成，创始人何享健将董事长的位置让给方洪波而非自己的儿子。近两年，美的在保持稳健发展的同时，不断开拓企业的新疆域，包括在国内外开展并购获取核心技术，进军机器人领域并抢占行业领先地位。

（3）辅助“企二代”接班模式

在“企二代”企业经营与管理经验不足的情况，创始人选择职业经理人团队辅助二代接班是相对更为稳妥的模式，这为子女继承企业争取了时间和空间，保证了经营团队的稳定，从而使企业得以持续稳健发展。新希望集团是一个典型案例，刘永行选择女儿作为接班人的同时，选择了国内知名管理学者陈春花教授作为“联席董事长”辅助女儿。

3. 企业传承的未来可能

从目前国内企业传承的实践案例来看，企业传承并没有一个适用于所有企业的完美模式，要让企业做好交接班，要做到提前考虑、整体设计、稳健实施。

如果企业家选择子女传承的话，则很早就要有意识培养接班的能力，这就是提前布局。如果子女本身并不愿意考虑，则要考虑选择其他合适的接班人，比如职业经理人团队，在这个前提下做好企业治理结构设计，然后，分步骤、分阶段交接权力，实现平稳过渡。

日本拥有非常多的百年乃至数百年的长寿家族企业，这在很大程度上归功于在企业传承上的成功。日本家族企业的传承并不是非要选择“直系血缘亲属”作为传承人，而是选择合适的家族成员作为企业传承人，比如侄子、女婿或养子等。如果是上市公司，则大多数由董事会决定传承人选，既可以是创始人的家族成员，也可以是职业经理人。

简言之，企业要可持续发展，就要持续做好传承工作，最重要的是实现实质的可持续的传承，而非形式化的接班。随着法律和金融市场的完善，越来越多的企业选择了上市，变成公众公司，企业的持续发展相对有了更为长效的市场机制保障，企业传承也不再拘泥于单一“子承父业”这样的形式。

五、如何更有效地引进或打造职业经理人

一个企业可持续发展不仅需要好的传承模式，更需要有一支可靠的职业经理人队伍做好经营管理工作，履行好股东的信托责任。因此，如何打造或引进职业经理人成为企业可持续发展的重要课题。

企业生命周期理论将企业发展分为“初创、成长、成熟和衰退”四个阶段。但是一个生命周期走完，并不代表一个企业就消亡了，只要企业能够在某个生命周期结束前，有意识地进行转型，经过艰难的“蜕变期”，就能获得重生，进入一个新的生命周期。

企业在生命周期的不同阶段，核心的发展策略不同，需要的资源要素组合与能力结构配置也就不同。其中，能力结构配置主要取决于企业人才结构。

1. 初创期

初创期的企业主要是业务驱动。没有业务，就无法生存。如何快速获取与扩大业务量，是初创企业最迫切解决的问题。因此，大多数初创期企业都非常渴求业务型人才。但是，因为公司初创，待遇一般不是很高，很难找到优秀的业务人才。

如何吸引优秀业务人才加入初创型企业呢？核心在于企业自身的成长性，比如企业所处行业是不是具有潜力，以及创始人是不是有识人、用人的魄力，能不能以相应的机制给予这些人才以“期权”，以企业未来更大的利益作为回报。很多企业之所以做不到，往往都是这两个方面做得不够好。而企业要实现从“0 到 1”的跨越，必须解决“头狼”的问题，才能打造出一支强干的销售队伍。这正是“兵熊熊一个，将熊熊一窝”的道理。

2. 成长期

成长期的企业主要是解决效率和规范管理的问题，进而实现业

务可复制性。一旦能实现复制，就意味着企业商业模式、管理体系、流程制度都可以实现跨区域的“移栽”，企业规模得以迅速壮大。如果处于成长期的企业仍然苦于解决业务机会性问题，说明其还不足以具备市场竞争力。

而要解决企业规范化问题，需要更多专业的管理人才加盟企业。很多民营企业的创始人都是做业务出身，对于企业的规范化管理其实并没有太深的感知，当企业发展 3 ~ 5 年后需要进行规范化管理时，往往显得力不从心。这个时候，最好能请同行业的管理精英加盟。同时，企业还可以派出优秀的员工进行专业学习，以达到胜任成长期企业管理的专业能力要求。因此，就成长期的企业而言，不仅需要引进职业经理人，还需要打造职业经理人。

3. 成熟期

成熟期的企业营业收入的增长较为稳定，也基本实现了规范化、制度化运行，人才梯队较为完整，但是这个时候企业的运营成本往往很高，需要集中解决的问题是降低成本、提升效益，这就需要更多的经营性人才加盟企业。而且成熟期的大型企业对财务监督、风险管控、投资管理更为重视，企业的资本属性更强，因此需要引入专业的财务金融人才。

现在很多企业都在学习的阿米巴经营模式，正是通过化小经营单元，实现全员经营，提升各经营单元负责人的经营意识和能力。

4. 衰退期

处于衰退期的企业，因为各种原因，与竞争对手相比，产品与技术竞争力不足，品牌出现老化，团队不稳定，营业收入和利润呈现快速下降态势，企业陷入生死存亡之境。如果没有能力挽狂澜的人来扭转局面，企业很可能会寿终正寝。对于很多民营企业来说，能扶大厦之将倾的人一般都是企业的创始人，比如联想在 2008 年出现危机，李宁在 2013 年出现重大挫折，都是创始人回归后重新扭转企业的战略方向，打造适应客户需求和市场竞争的产品重振企业，让企业在市场中重新站立起来。当然，除了创始人，还需要行业的创新型技术人才与营销人才，使企业快速度过衰退期。

蜕变期与衰退期是阴阳互生的关系，企业只有在衰退期中实现蜕变，才能真正走出衰退，获得重生。具体表现就是营业收入和利润止跌或逐步上升，产品重新占领市场，品牌重新获取客户认可，企业逐步走向稳健发展。蜕变期的企业，需要的是具有强大创新力的人才，以突破企业内部的短见和外部竞争对手的围攻。

推荐作者得新书！

博瑞森征稿启事

亲爱的读者朋友：

感谢您选择了博瑞森图书！希望您手中的这本书能给您带来实实在在的帮助！

博瑞森一直致力于发掘好作者、好内容，希望能把您最需要的思想、方法，一字一句地交到您手中，成为管理知识与管理实践的桥梁。

但是我们也知道，有很多深入企业一线、经验丰富、乐于分享的优秀专家，或者忙于实战没时间，或者缺少专业的写作指导和便捷的出版途径，只能茫然以待……

还有很多在竞争大潮中坚守的企业，有着异常宝贵的实践经验和独特的洞察，但缺少专业的记录和整理者，无法让企业的经验和故事被更多的人了解、学习……

对读者而言，这些都太遗憾了！

博瑞森非常希望能将这些埋藏的"宝藏"发掘出来，贡献给广大读者，让更多的人从中受益。

所以，我们真心地邀请您，我们的老读者，帮我们搜寻：

推荐作者

可以是您自己或您的朋友，只要对本土管理有实践、有思考；可以是您通过网络、杂志、书籍或其他途径了解的某位专家，不管名气大小，只要他的思想和方法曾让您深受启发。

可以是管理类作品，也可以超出管理，各类优秀的社科作品或学术作品。

推荐企业

可以是您自己所在的企业，或者是您熟悉的某家企业，其创业过程、运营经历、产品研发、机制创新，等等。无论企业大小，只要乐于分享、有值得借鉴书写之处。

总之，好内容就是一切！

博瑞森绝非"自费出书"，出版费用完全由我们承担。您推荐的作者或企业案例一经采用，我们会立刻向您赠送书币 1000 元，可直接换取任何博瑞森图书的纸书或电子书。

感谢您对本土管理原创、博瑞森图书的支持！

推荐投稿邮箱：bookgood@126.com　　推荐手机：13611149991

1120 本土管理实践与创新论坛

这是由100多位本土管理专家联合创立的企业管理实践学术交流组织，旨在孵化本土管理思想、促进企业管理实践、加强专家间交流与协作。

论坛每年集中力量办好两件大事：第一，“**出一本书**”，汇聚一年的思考和实践，把最原创、最前沿、最实战的内容集结成册，贡献给读者；第二，“**办一次会**”，每年11月20日本土管理专家们汇聚一堂，碰撞思想、研讨案例、交流切磋、回馈社会。

论坛理事名单（以年龄为序，以示传承之意）

企业案例·老板传记

	书名.作者	内容/特色	读者价值
企业案例·老板传记	**你不知道的加多宝:原市场部高管讲述** 曲宗恺　牛玮娜　著	前加多宝高管解读加多宝	全景式解读,原汁原味
	借力咨询:德邦成长背后的秘密 官同良　王祥伍　著	讲述德邦是如何借助咨询公司的力量进行自身 与发展的	来自德邦内部的第一线资料,真实、珍贵,令人受益匪浅
	娃哈哈区域标杆:豫北市场营销实录 罗宏文　赵晓萌　等著	本书从区域的角度来写娃哈哈河南分公司豫北市场是怎么进行区域市场营销,成为娃哈哈全国第一大市场、全国增量第一高市场的一些操作方法	参考性、指导性,一线真实资料
	六个核桃凭什么:从0过100亿 张学军　著	首部全面揭秘养元六个核桃裂变式成长的巨著	学习优秀企业的成长路径,了解其背后的理论体系
	像六个核桃一样:打造畅销品的36个简明法则 王　超　范　萍　著	本书分上下两篇:包括"六个核桃"的营销战略历程和36条畅销法则	知名企业的战略历程极具参考价值,36条法则提供操作方法
	解决方案营销实战案例 刘祖轲　著	用10个真案例讲明白什么是工业品的解决方案式营销,实战、实用	有干货、真正操作过的才能写得出来
	招招见销量的营销常识 刘文新　著	如何让每一个营销动作都直指销量	适合中小企业,看了就能用
	我们的营销真案例 联纵智达研究院　著	五芳斋粽子从区域到全国/诺贝尔瓷砖门店销量提升/利豪家具出口转内销/汤臣倍健的营销模式	选择的案例都很有代表性,实在、实操!
	中国营销战实录:令人拍案叫绝的营销真案例 联纵智达　著	51个案例,42家企业,38万字,18年,累计2000余人次参与……	最真实的营销案例,全是一线记录,开阔眼界
	双剑破局:沈坤营销策划案例集 沈　坤　著	双剑公司多年来的精选案例解析集,阐述了项目策划中每一个营销策略的诞生过程,策划角度和方法	一线真实案例,与众不同的策划角度令人拍案叫绝、受益匪浅
	宗:一位制造业企业家的思考 杨　涛　著	1993年创业,引领企业平稳发展20多年,分享独到的心得体会	难得的一本老板分享经验的书
	简单思考:AMT咨询创始人自述 孔祥云　著	著名咨询公司(AMT)的CEO创业历程中点点滴滴的经验与思考	每一位咨询人,每一位创业者和管理经营者,都值得一读
	边干边学做老板 黄中强　著	创业20多年的老板,有经验、能写、又愿意分享,这样的书很少	处处共鸣,帮助中小企业老板少走弯路
	三四线城市超市如何快速成长:解密甘雨亭 IBMG国际商业管理集团　著	国内外标杆企业的经验+本土实践量化数据+操作步骤、方法	通俗易懂,行业经验丰富,宝贵的行业量化数据,关键思路和步骤
	中国首家未来超市:解密安徽乐城 IBMG国际商业管理集团　著	本书深入挖掘了安徽乐城超市的试验案例,为零售企业未来的发展提供了一条可借鉴之路	通俗易懂,行业经验丰富,宝贵的行业量化数据,关键思路和步骤
互联网+	**企业微信营销全指导** 孙　巍　著	专门给企业看到的微信营销书,手把手教企业从小白到微信营销专家	企业想学微信营销现在还不晚,两眼一抹黑也不怕,有这本书就够
	企业网络营销这样做才对:B2B　大宗B2C 张　进　著	简单直白拿来就用,各种窍门信手拈来,企业网络营销不麻烦也不用再头疼,一般人不告诉他	B2B、大宗B2C企业有福了,看了就能学会网络营销

续表

互联网 +			
	书名. 作者	内容/特色	读者价值
互联网 +	**互联网时代的银行转型** 韩友诚　著	以大量案例形式为读者全面展示和分析了银行的互联网金融转型应对之道	结合本土银行转型发展案例的书籍
	正在发生的转型升级·实践 本土管理实践与创新论坛　著	企业在快速变革期所展现出的管理变革新成果、新方法、新案例	重点突出对于未来企业管理相关领域的趋势研判
	触发需求:互联网新营销样本·水产 何足奇　著	传统产业都在苦闷中挣扎前行,本书通过鲜活的案例告诉你如何以需求链整合供应链,从而把大家熟知的传统行业打碎了重构、重做一遍	全是干货,值得细读学习,并且作者的理论已经经过了他亲自操刀的实践检验,效果惊人,就在书中全景展示
	移动互联新玩法:未来商业的格局和趋势 史贤龙　著	传统商业、电商、移动互联,三个世界并存,这种新格局的玩法一定要懂	看清热点的本质,把握行业先机,一本书搞定移动互联网
	微商生意经:真实再现 33 个成功案例操作全程 伏泓霖　罗晓慧　著	本书为 33 个真实案例,分享案例主人公在做微商过程中的经验教训	案例真实,有借鉴意义
	阿里巴巴实战运营——14 招玩转诚信通 聂志新　著	本书主要介绍阿里巴巴诚信通的十四个基本推广操作,从而帮助使用诚信通的用户及企业更好地提升业绩	基本操作,很多可以边学边用,简单易学
	今后这样做品牌:移动互联时代的品牌营销策略 蒋　军　著	与移动互联紧密结合,告诉你老方法还能不能用,新方法怎么用	今后这样做品牌就对了
	互联网 +"变"与"不变":本土管理实践与创新论坛集萃·2016 本土管理实践与创新论坛　著	本土管理领域正在产生自己独特的理论和模式,尤其在移动互联时代,有很多新课题需要本土专家们一起研究	帮助读者拓宽眼界、突破思维
	创造增量市场:传统企业互联网转型之道 刘红明　著	传统企业需要用互联网思维去创造增量,而不是用电子商务去转移传统业务的存量	教你怎么在"互联网 +"的海洋中创造实实在在的增量
	重生战略:移动互联网和大数据时代的转型法则 沈　拓　著	在移动互联网和大数据时代,传统企业转型如同生命体打算与再造,称之为"重生战略"	帮助企业认清移动互联网环境下的变化和应对之道
	画出公司的互联网进化路线图:用互联网思维重塑产品、客户和价值 李　蓓　著	18 个问题帮助企业一步步梳理出互联网转型思路	思路清晰、案例丰富,非常有启发性
	7 个转变,让公司 3 年胜出 李　蓓　著	消费者主权时代,企业该怎么办	这就是互联网思维,老板有能这样想,肯定倒不了
	跳出同质思维,从跟随到领先 郭　剑　著	66 个精彩案例剖析,帮助老板突破行业长期思维惯性	做企业竟然有这么多玩法,开眼界

续表

行业类:零售、白酒、食品/快消品、农业、医药、建材家居等			
	书名．作者	内容/特色	读者价值
零售·超市·餐饮·服装	**总部有多强大,门店就能走多远** IBMG 国际商业管理集团　著	如何把总部做强,成为门店的坚实后盾	了解总部建设的方法与经验
	超市卖场定价策略与品类管理 IBMG 国际商业管理集团　著	超市定价策略与品类管理实操案例和方法	拿来就能用的理论和工具
	连锁零售企业招聘与培训破解之道 IBMG 国际商业管理集团　著	围绕零售企业组织架构、培训体系建设等内容进行深刻探讨	破解人才发现和培养瓶颈的关键点
	中国首家未来超市:解密安徽乐城 IBMG 国际商业管理集团　著	介绍了乐城作为中国首家未来超市从无到有的传奇经历	了解新型零售超市的运作方式及管理特色
	三四线城市超市如何快速成长:解密甘雨亭 IBMG 国际商业管理集团　著	揭秘一家三四线连锁超市的经验策略	不但可以欣赏它的优点,而且可以学会它成功的方法
	涨价也能卖到翻 村松达夫　【日】	提升客单价的 15 种实用、有效的方法	日本企业在这方面非常值得学习和借鉴
	移动互联下的超市升级 联商网专栏频道　著	深度解析超市转型升级重点	帮助零售企业把握全局、看清方向
	手把手教你做专业督导:专卖店、连锁店 熊亚柱　著	从督导的职能、作用,在工作中需要的专业技能、方法,都提供了详细的解读和训练办法,同时附有大量的表单工具	无论是店铺需要统一培训,还是个人想成为优秀的督导,有这一本就够了
	百货零售全渠道营销策略 陈继展　著	没有照本宣科、说教式的絮叨,只有笔者对行业的认知与理解,庖丁解牛式的逐项解析、展开	通俗易懂,花极少的时间快速掌握该领域的知识及趋势
	零售:把客流变成购买力 丁　昀　著	如何通过不断升级产品和体验式服务来经营客流	如何进行体验营销,国外的好经营,这方面有启发
	餐饮企业经营策略第一书 吴　坚　著	分别从产品、顾客、市场、盈利模式等几个方面,对现阶段餐饮企业的发展提出策略和思路	第一本专业的、高端的餐饮企业经营指导书
	电影院的下一个黄金十年:开发·差异化·案例 李保煜　著	对目前电影院市场存大的问题及如何解决进行了探讨与解读	多角度了解电影院运营方式及代表性案例
	赚不赚钱靠店长:从懂管理到会经营 孙彩军　著	通过生动的案例来进行剖析,注重门店管理细节方面的能力提升	帮助终端门店店长在管理门店的过程中实现经营思路的拓展与突破
耐消品	**商用车经销商运营实战** 杜建君　王朝阳　章晓青　等著	从管理到经营,从销售到服务,系统化运作全指导	为经销商经营开阔思路,掌握方法
	汽车配件这样卖:汽车后市场销售秘诀 100 条 俞士耀　著	汽配销售业务员必读,手把手教授最实用的方法,轻松得来好业绩	快速上岗,专业实效,业绩无忧
	跟行业老手学经销商开发与管理:家电、耐消品、建材家居 黄润霖　著	全部来源于经销商管理的一线问题,作者用丰富的经验将每一个问题落实到最便捷快速的操作方法上去	书中每一个问题都是普通营销人亲口提出的,这些问题你也会遇到,作者进行的解答则精彩实用

续表

白酒	**白酒到底如何卖** 赵海永　著	以市场实战为主,多层次、全方位、多角度地阐释了白酒一线市场操作的最新模式和方法,接地气	实操性强,37 个方法、6 大案例帮你成功卖酒
	变局下的白酒企业重构 杨永华　著	帮助白酒企业从产业视角看清趋势,找准位置,实现弯道超车的书	行业内企业要减少90%,自己在什么位置,怎么做,都清楚了
	1. 白酒营销的第一本书(升级版) **2. 白酒经销商的第一本书** 唐江华　著	华泽集团湖南开口笑公司品牌部长,擅长酒类新品推广、新市场拓展	扎根一线,实战
	区域型白酒企业营销必胜法则 朱志明　著	为区域型白酒企业提供35 条必胜法则,在竞争中赢销的葵花宝典	丰富的一线经验和深厚积累,实操实用
	10 步成功运作白酒区域市场 朱志明　著	白酒区域操盘者必备,掌握区域市场运作的战略、战术、兵法	在区域市场的攻伐防守中运筹帷幄,立于不败之地
	酒业转型大时代:微酒精选 2014 – 2015 微酒　主编	本书分为五个部分:当年大事件、那些酒业营销工具、微酒独立策划、业内大调查和十大经典案例	了解行业新动态、新观点,学习营销方法
快消品·食品	**这样打造快消品标杆市场** 罗宏文　著	帮助你解决如何成功打造标杆市场和进行持续增量管理两大问题	一套系统的方法论,通俗易懂,可以直接套用
	5 小时读懂快消品营销:中国快消品案例观察 陈海超　著	多年营销经验的一线老手把案例掰开了、揉碎了,从中得出的各种手段和方法给读者以帮助和启发	营销那些事儿的个中秘辛,求人还不一定告诉你,这本书里就有
	快消品招商的第一本书:从入门到精通 刘　雷　著	深入浅出,不说废话,有工具方法,通俗易懂	让零基础的招商新人快速学习书中最实用的招商技能,成长为骨干人才
	乳业营销第一书 侯军伟　著	对区域乳品企业生存发展关键性问题的梳理	唯一的区域乳业营销书,区域乳品企业一定要看
	食用油营销第一书 余　盛　著	10 多年油脂企业工作经验,从行业到具体实操	食用油行业第一书,当之无愧
	中国茶叶营销第一书 柏　龑　著	如何跳出茶行业“大文化小产业”的困境,作者给出了自己的观察和思考	不是传统做茶的思路,而是现在商业做茶的思路
	调味品营销第一书 陈小龙　著	国内唯一一本调味品营销的书	唯一的调味品营销的书,调味品的从业者一定要看
	快消品营销人的第一本书:从入门到精通 刘　雷　伯建新　著	快消行业必读书,从入门到专业	深入细致,易学易懂
	变局下的快消品营销实战策略 杨永华　著	通胀了,成本增加,如何从被动应战变成主动的“系统战”	作者对快消品行业非常熟悉、非常实战
	快消品经销商如何快速做大 杨永华　著	本书完全从实战的角度,评述现象,解析误区,揭示原理,传授方法	为转型期的经销商提供了解决思路,指出了发展方向
	一位销售经理的工作心得 蒋　军　著	一线营销管理人员想提升业绩却无从下手时,可以看看这本书	一线的真实感悟
	快消品营销:一位销售经理的工作心得 2 蒋　军　著	快消品、食品饮料营销的经验之谈,重点图书	来源与实战的精华总结
	快消品营销与渠道管理 谭长春　著	将快消品标杆企业渠道管理的经验和方法分享出来	可口可乐、华润的一些具体的渠道管理经验,实战

续表

快消品·食品	**成为优秀的快消品区域经理(升级版)** 伯建新 著	用“怎么办”分析区域经理的工作关键点,增加30%全新内容,更贴近环境变化	可以作为区域经理的“速成催化器”
	销售轨迹:一位快消品营销总监的拼搏之路 秦国伟 著	本书讲述了一个普通销售员打拼成为跨国企业营销总监的真实奋斗历程	激励人心,给广大销售员以力量和鼓舞
	快消老手都在这样做:区域经理操盘锦囊 方 刚 著	非常接地气,全是多年沉淀下来的干货,丰富的一线经验和实操方法不可多得	在市场摸爬滚打的“老油条”,那些独家绝招妙招一般你问都是问不来的
	动销四维:全程辅导与新品上市 高继中 著	从产品、渠道、促销和新品上市详细讲解提高动销的具体方法,总结作者18年的快消品行业经验,方法实操	内容全面系统,方法实操
农业	**新农资如何换道超车** 刘祖轲 等著	从农业产业化、互联网转型、行业营销与经营突破四个方面阐述如何让农资企业占领先机、提前布局	南方略专家告诉你如何应对资源浪费、生产效率低下、产能严重过剩、价格与价值严重扭曲等
	中国牧场管理实战:畜牧业、乳业必读 黄剑黎 著	本书不仅提供了来自一线的实际经验,还收入了丰富的工具文档与表单	填补空白的行业必读作品
	中小农业企业品牌战法 韩 旭 著	将中小农业企业品牌建设的方法,从理论讲到实践,具有指导性	全面把握品牌规划,传播推广,落地执行的具体措施
	农资营销实战全指导 张 博 著	农资如何向“深度营销”转型,从理论到实践进行系统剖析,经验资深	朴实、使用!不可多得的农资营销实战指导
	农产品营销第一书 胡浪球 著	从农业企业战略到市场开拓、营销、品牌、模式等	来源于实践中的思考,有启发
	变局下的农牧企业9大成长策略 彭志雄 著	食品安全、纵向延伸、横向联合、品牌建设……	唯一的农牧企业经营实操的书,农牧企业一定要看
医药	**在中国,医药营销这样做:时代方略精选文集** 段继东 主编	专注于医药营销咨询15年,将医药营销方法的精华文章合编,深入全面	可谓医药营销领域的顶尖著作,医药界读者的必读书
	医药新营销:制药企业、医药商业企业营销模式转型 史立臣 著	医药生产企业和商业企业在新环境下如何做营销?老方法还有没有用?如何寻找新方法?新方法怎么用?本书给你答案	内容非常现实接地气,踏实谈问题说方法
	医药企业转型升级战略 史立臣 著	药企转型升级有5大途径,并给出落地步骤及风险控制方法	实操性强,有作者个人经验总结及分析
	新医改下的医药营销与团队管理 史立臣 著	探讨新医改对医药行业的系列影响和医药团队管理	帮助理清思路,有一个框架
	医药营销与处方药学术推广 马宝琳 著	如何用医学策划把“平民产品”变成“明星产品”	有真货、讲真话的作者,堪称处方药营销的经典!
	新医改,医药企业如何应对行业洗牌 林延君 沈 斌 著	一方面,围绕着变革,多角度阐述药企的应对之道;另一方面,紧扣实践,介绍近百家医药企业创新实践案例	医改变革10年,医药企业如何应对大洗牌?重磅出击的药企人必读书
	新医改了,药店就要这样开 尚 锋 著	药店经营、管理、营销全攻略	有很强的实战性和可操作性
	电商来了,实体药店如何突围 尚 锋 著	电商崛起,药店该如何突围?本书从促销、会员服务、专业性、客单价等多重角度给出了指导方向	实战攻略,拿来就能用

续表

医药	**OTC 医药代表药店销售 36 计** 鄢圣安　著	以《三十六计》为线，写 OTC 医药代表向药店销售的一些技巧与策略	案例丰富，生动真实，实操性强
	OTC 医药代表药店开发与维护 鄢圣安　著	要做到一名专业的医药代表，需要做什么、准备什么、知识储备、操作技巧等	医药代表药店拜访的指导手册，手把手教你快速上手
	引爆药店成交率 1：店员导购实战 范月明　著	一本书解决药店导购所有难题	情景化、真实化、实战化
	引爆药店成交率 2：经营落地实战 范月明　著	最接地气的经营方法全指导	揭示了药店经营的几类关键问题
	引爆药店成交率：专业化销售解决方案 范月明　著	药品搭配分析与关联销售	为药店人专业化助力
建材家居	**成为最赚钱的家具建材经销商** 李治江　著	从销售模式、产品、门店等老板们最关注和最需要的方面解决问题、提供方法	只要你是建材、家具、家居用品的经销商老板，这就是一本必读的书
	家具行业操盘手 王献永　著	家具行业问题的终结者	解决了干家具还有没有前途？为什么同城多店的家具经销商很难做大做强等问题
	建材家居营销：除了促销还能做什么 孙嘉晖　著	一线老手的深度思考，告诉你在建材家居营销模式基本停滞的今天，除了促销，营销还能怎么做	给你的想法一场革命
	建材家居营销实务 程绍珊　杨鸿贵　主编	价值营销运用到建材家居，每一步都让客户增值	有自己的系统、实战
	建材家居门店销量提升 贾同领　著	店面选址、广告投放、推广助销、空间布局、生动展示、店面运营等	门店销量提升是一个系统工程，非常系统、实战
	10 步成为最棒的建材家居门店店长 徐伟泽　著	实际方法易学易用，让员工能够迅速成长，成为独当一面的好店长	只要坚持这样干，一定能成为好店长
	手把手帮建材家居导购业绩倍增：成为顶尖的门店店员 熊亚柱　著	生动的表现形式，让普通人也能成为优秀的导购员，让门店业绩长红	读着有趣，用着简单，一本在手、业绩无忧
	建材家居经销商实战 42 章经 王庆云　著	告诉经销商：老板怎么当、团队怎么带、生意怎么做	忠言逆耳，看着不舒服就对了，实战总结，用一招半式就值了
工业品	**销售是门专业活：B2B、工业品** 陆和平　著	销售流程就应该跟着客户的采购流程和关注点的变化向前推进，将一个完整的销售过程分成十个阶段，提供具体方法	销售不是请客吃饭拉关系，是个专业的活计！方法在手，走遍天下不愁
	解决方案营销实战案例 刘祖轲　著	用 10 个真案例讲明白什么是工业品的解决方案式营销，实战、实用	有干货、真正操作过的才能写得出来
	变局下的工业品企业 7 大机遇 叶敦明　著	产业链条的整合机会、盈利模式的复制机会、营销红利的机会、工业服务商转型机会……	工业品企业还可以这样做，思维大突破
	工业品市场部实战全指导 杜　忠　著	工业品市场部经理工作内容全指导	系统、全面、有理论、有方法，帮助工业品市场部经理更快提升专业能力
	工业品营销管理实务 李洪道　著	中国特色工业品营销体系的全面深化、工业品营销管理体系优化升级	工具更实战，案例更鲜活，内容更深化

续表

工业品	**工业品企业如何做品牌** 张东利　著	为工业品企业提供最全面的品牌建设思路	有策略、有方法、有思路、有工具
	丁兴良讲工业4.0 丁兴良　著	没有枯燥的理论和说教，用朴实直白的语言告诉你工业4.0的全貌	工业4.0是什么？本书告诉你答案
	资深大客户经理：策略准，执行狠 叶敦明　著	从业务开发、发起攻势、关系培育、职业成长四个方面，详述了大客户营销的精髓	满满的全是干货
	一切为了订单：订单驱动下的工业品营销实战 唐道明　著	其实，所有的企业都在围绕着两个字在开展全部的经营和管理工作，那就是“订单”	开发订单、满足订单、扩大订单。本书全是实操方法，字字珠玑、句句干货，教你获得营销的胜利
金融	**交易心理分析** (美)马克·道格拉斯　著 刘真如　译	作者一语道破赢家的思考方式，并提供了具体的训练方法	不愧是投资心理的第一书，绝对经典
	精品银行管理之道 崔海鹏　何　屹　主编	中小银行转型的实战经验总结	中小银行的教材很多，实战类的书很少，可以看看
	支付战争 Eric M. Jackson　著 徐　彬　王　晓　译	PayPal创业期营销官，亲身讲述PayPal从诞生到壮大到成功出售的整个历史	激烈、有趣的内幕商战故事！了解美国支付市场的风云巨变
	中外并购名著专业阅读指南 叶兴平　等著	在5000多本并购类图书中精选的200著作，在阅读的基础上写的读书评价	精挑细选200本并一一评介，省去读者挑选的烦恼，快捷、高效
	互联网时代的银行转型 韩友诚　著	以大量案例形式为读者全面展示和分析了银行的互联网金融转型应对之道	结合本土银行转型发展案例的书籍
房地产	**产业园区/产业地产规划、招商、运营实战** 阎立忠　著	目前中国第一本系统解读产业园区和产业地产建设运营的实战宝典	从认知、策划、招商到运营全面了解地产策划
	人文商业地产策划 戴欣明　著	城市与商业地产战略定位的关键是不可复制性，要发现独一无二的“味道”	突破千城一面的策划困局
	电影院的下一个黄金十年：开发·差异化·案例 李保煜　著	对目前电影院市场存大的问题及如何解决进行了探讨与解读	多角度了解电影院运营方式及代表性案例
能源	**全能型班组：城市能源互联网与电力班组升级** 国网天津市电力公司　编著	借鉴国内外优秀企业的转型升级思路，通过对于新型班组组织模式和运行机制的大胆设想，力图构建充分适应内外环境变化的全能型班组	看看庞大的国企在新环境下是如何顺应时代的
	国网天津电力全能型班组建设实务 国网天津市电力公司　编著	本书聚焦于天津电力公司在探索全能型班组转型升级时的优秀实践	电力行业的班组实践，具体、可操作性强

经营类：企业如何赚钱，如何抓机会，如何突破，如何“开源”

	书名. 作者	内容/特色	读者价值
抓方向	**让经营回归简单. 升级版** 宋新宇　著	化繁为简抓住经营本质：战略、客户、产品、员工、成长	经典，做企业就这几个关键点！
	混沌与秩序Ⅰ：变革时代企业领先之道 **混沌与秩序Ⅱ：变革时代管理新思维** 彭剑锋　尚艳玲　主编	汇集华夏基石专家团队10年来研究成果，集中选择了其中的精华文章编纂成册	作者都是既有深厚理论积淀又有实践经验的重磅专家，为中国企业和企业家的未来提出了高屋建瓴的观点
	活系统：跟任正非学当老板 孙行健　尹　贤　著	以任正非的独到视角，教企业老板如何经营公司	看透公司经营本质，激活企业活力

续表

抓方向	重构:快消品企业重生之道 杨永华　著	从7个角度,帮助企业实现系统性的改造	提供转型思想与方法,值得参考
	公司由小到大要过哪些坎 卢　强　著	老板手里的一张"企业成长路线图"	现在我在哪儿,未来还要走哪些路,都清楚了
	企业二次创业成功路线图 夏惊鸣　著	企业曾经抓住机会成功了,但下一步该怎么办?	企业怎样获得第二次成功,心里有个大框架了
	老板经理人双赢之道 陈　明　著	经理人怎养选平台、怎么开局,老板怎样选/育/用/留	老板生闷气,经理人牢骚大,这次知道该怎么办了
	简单思考:AMT咨询创始人自述 孔祥云　著	著名咨询公司(AMT)的CEO创业历程中点点滴滴的经验与思考	每一位咨询人,每一位创业者和管理经营者,都值得一读
	企业文化的逻辑 王祥伍　黄健江　著	为什么企业绩效如此不同,解开绩效背后的文化密码	少有的深刻,有品质,读起来很流畅
	使命驱动企业成长 高可为　著	钱能让一个人今天努力,使命能让一群人长期努力	对于想做事业的人,'使命'是绕不过去的
思维突破	盈利原本就这么简单 高可为　著	从财务的角度揭示企业盈利的秘密	多方面解读商业模式与盈利的关系,通俗易懂,受益匪浅
	移动互联新玩法:未来商业的格局和趋势 史贤龙　著	传统商业、电商、移动互联,三个世界并存,这种新格局的玩法一定要懂	看清热点的本质,把握行业先机,一本书搞定移动互联网
	画出公司的互联网进化路线图:用互联网思维重塑产品、客户和价值 李　蓓　著	18个问题帮助企业一步步梳理出互联网转型思路	思路清晰、案例丰富,非常有启发性
	重生战略:移动互联网和大数据时代的转型法则 沈　拓　著	在移动互联网和大数据时代,传统企业转型如同生命体打算与再造,称之为"重生战略"	帮助企业认清移动互联网环境下的变化和应对之道
	创造增量市场:传统企业互联网转型之道 刘红明　著	传统企业需要用互联网思维去创造增量,而不是用电子商务去转移传统业务的存量	教你怎么在"互联网+"的海洋中创造实实在在的增量
	7个转变,让公司3年胜出 李　蓓　著	消费者主权时代,企业该怎么办	这就是互联网思维,老板有能这样想,肯定倒不了
	跳出同质思维,从跟随到领先 郭　剑　著	66个精彩案例剖析,帮助老板突破行业长期思维惯性	做企业竟然有这么多玩法,开眼界
	麻烦就是需求　难题就是商机 卢根鑫　著	如何借助客户的眼睛发现商机	什么是真商机,怎么判断、怎么抓,有借鉴
	互联网+"变"与"不变":本土管理实践与创新论坛集萃·2016 本土管理实践与创新论坛　著	加速本土管理思想的孕育诞生,促进本土管理创新成果更好地服务企业、贡献社会	各个作者本年度最新思想,帮助读者拓宽眼界、突破思维
	消费升级:实践　研究(文集) 本土管理实践与创新论坛　著	38位管理专家及7位学者的精华思想,从经营、管理、行业及思想研究四个方面阐述中国企业在消费升级下的实践与研究	思想启发,行业借鉴
财务	写给企业家的公司与家庭财务规划——从创业成功到富足退休 周荣辉　著	本书以企业的发展周期为主线,写各阶段企业与企业主家庭的财务规划	为读者处理人生各阶段企业与家庭的财务问题提供建议及方法,让家庭成员真正享受财富带来的益处

续表

财务	互联网时代的成本观 程　翔　著	本书结合互联网时代提出了成本的多维观，揭示了多维组合成本的互联网精神和大数据特征，论述了其产生背景、实现思路和应用价值	在传统成本观下为盈利的业务，在新环境下也许就成为亏损业务。帮助管理者从新的角度来看待成本，进一步做好精益管理
管理类：效率如何提升，如何实现经营目标，如何"节流"			
	书名．作者	内容/特色	读者价值
通用管理	让管理回归简单·升级版 宋新宇　著	从目标、组织、决策、授权、人才和老板自己层面教你怎样做管理	帮助管理抓住管理的要害，让管理变得简单
	让经营回归简单·升级版 宋新宇　著	从战略、客户、产品、员工、成长、经营者自身等七个方面，归纳总结出简单有效的经营法则	总结出的真正优秀企业的成功之道：简单
	让用人回归简单 宋新宇　著	从用人的原则、用人的难题与误区、用人的方法和用人者的修炼四大方面，总结出适合中小企业做好人才管理工作的法则	帮助管理者抓住用人的要害，让用人变得简单
	历史深处的管理智慧1：组织建设与用人之道 刘文瑞　著	对历史之典故、政事、人事、政制进行管理解析，鉴照企业人才的选用育留	推动理论与实践的对接，实现理性与情感的渗透，用中国话语说明管理智慧
	历史深处的管理智慧2：战略决策与经营运作 刘文瑞 著	对历史之典故、政事、人事、政制进行管理解析，鉴照企业战略设计与经营实践	推动理论与实践的对接，实现理性与情感的渗透，用中国话语说明管理智慧
	历史深处的管理智慧3：领导修炼与文化素养 刘文瑞　著	对历史之典故、政事、人事、政制进行管理解析，鉴照企业领导职业能力提升与文化修养	推动理论与实践的对接，实现理性与情感的渗透，用中国话语说明管理智慧
	管理的尺度 刘文瑞　著	对管理中的种种普遍性问题进行了批评	提高把握管理尺度的能力
	管理学在中国 刘文瑞　著	系统性介绍了管理学在中国的发展和演变	了解管理学在中国的发展脉络，更清晰理解管理学的本质
	管理：以规则驾驭人性 王春强　著	详细解读企业规则的制定方法	从人与人博弈角度提升管理的有效性
	员工心理学超级漫画版 邢　雷　著	以漫画的形式深度剖析员工心理	帮助管理者更了解员工，从而更轻松地管理员工
	老板有想法，高层有干法：企业中的将、帅之道 王清华　著	深入剖析老板与高管的异同	各司其职，各行其是，相辅相成
	分股合心：股权激励这样做 段磊　周剑　著	通过丰富的案例，详细介绍了股权激励的知识和实行方法	内容丰富全面、易读易懂，了解股权激励，有这一本就够了
	边干边学做老板 黄中强　著	创业20多年的老板，有经验、能写、又愿意分享，这样的书很少	处处共鸣，帮助中小企业老板少走弯路
	成为敏感而体贴的公司 王　涛　著	本书为作者对企业的观察和冥想的随笔记录。从生活中的一个现象入手，进而探索现象背后的本质	从全新角度认识公司
	中国企业的觉醒：正直 善良 成长 王　涛　著	围绕着企业人如何发生转化展开，对中国人、中国文化及由此导致的企业现状的观察和思考	企业除了要利润，还需要道德

续表

通用管理	**有意识的思考:轻松化解问题的7个思考习惯** 王　涛　著	本书是对思想、思考过程、思考方式进行的细致观察	养成好的思考习惯,更深刻地看问题
	中国式阿米巴落地实践之从交付到交易 胡八一　著	本书主要讲述阿米巴经营会计,"从交付到交易",这是成功实施了阿米巴的标志	阿米巴经营会计的工作是有逻辑关联的,一本书就能搞定
	中国式阿米巴落地实践之激活组织 胡八一　著	重点讲解如何科学划分阿米巴单元,阐述划分的实操要领、思路、方法、技术与工具	最大限度减少"推行风险"和"摸索成本",利于公司成功搭建适合自身的个性化阿米巴经营体系
	集团化企业阿米巴实战案例 初勇钢　著	一家集团化企业阿米巴实施案例	指导集团化企业系统实施阿米巴
	阿米巴经营的中国模式 李志华　著	让员工从"要我干"到"我要干",价值量化出来	阿米巴在企业如何落地,明白思路了
	欧博心法:好管理靠修行 曾　伟　著	用佛家的智慧,深刻剖析管理问题,见解独到	如果真的有'中国式管理',曾老师是其中标志性人物
	领导这样点燃你的下属 孟广桥　著	领导者如何才能让员工积极主动地工作?如何让你的员工和下属保持工作的热情,自动自发?看了这本书就知道	只要你希望手下的"兵将"永远充满工作的斗志,这本书将使你获益良多
流程管理	**1. 用流程解放管理者** **2. 用流程解放管理者2** 张国祥　著	中小企业阅读的流程管理、企业规范化的书	通俗易懂,理论和实践的结合恰到好处
	跟我们学建流程体系 陈立云　著	畅销书《跟我们学做流程管理》系列,更实操,更细致,更深入	更多地分享实践,分享感悟,从实践总结出来的方法论
质量管理	IATF16949 质量管理体系详解与案例文件汇编:TS16949 转版 IATF16949:2016 谭洪华　著	针对IATF的新标准做了详细的解说,同时指出了一些推行中容易犯的错误,提供了大量的表单、案例	案例、表单丰富,拿来就用
	五大质量工具详解及运用案例:APQP/FMEA/PPAP/MSA/SPC 谭洪华　著	对制造业必备的五大质量工具中每个文件的制作要求、注意事项、制作流程、成功案例等进行了解读	通俗易懂、简便易行,能真正实现学以致用
	ISO9001:2015 新版质量管理体系详解与案例文件汇编 谭洪华　著	紧密围绕2015年新版质量管理体系文件逐条详细解读,并提供可以直接套用的案例工具,易学易上手	企业质量管理认证、内审必备
	ISO14001:2015 新版环境管理体系详解与案例文件汇编 谭洪华　著	紧密围绕2015年新版环境管理体系文件逐条详细解读,并提供可以直接套用的案例工具,易学易上手	企业环境管理认证、内审必备
	SA8000:2014 社会责任管理体系认证实战 吕　林　著	作者根据自己的操作经验,按认证的流程,以相关案例进行说明SA8000认证体系	简单,实操性强,拿来就能用
	精益质量管理实战工具 贺小林　著	制造类企业日常工作中所需要的精益管理工具的归纳整理,并进行案例操作的细致分析	可以直接参考,实际解决生产中的具体问题
战略落地	**重生——中国企业的战略转型** 施　炜　著	从前瞻和适用的角度,对中国企业战略转型的方向、路径及策略性举措提出了一些概要性的建议和意见	对企业有战略指导意义
	公司大了怎么管:从靠英雄到靠组织 AMT 金国华　著	第一次详尽阐释中国快速成长型企业的特点、问题及解决之道	帮助快速成长型企业领导及管理团队理清思路,突破瓶颈

续表

战略落地	**低效会议怎么改:每年节省一半会议成本的秘密** AMT 王玉荣　著	教你如何系统规划公司的各级会议,一本工具书	教会你科学管理会议的办法
	年初订计划,年尾有结果:战略落地七步成诗 AMT 郭晓　著	7 个步骤教会你怎么让公司制定的战略转变为行动	系统规划,有效指导计划实现
人力资源	**HRBP 是这样炼成的之"菜鸟起飞"** 新　海　著	以小说的形式,具体解析 HRBP 的职责,应该如何操作,如何为业务服务	实践者的经验分享,内容实务具体,形式有趣
	HRBP 是这样炼成的之中级修炼 新　海　著	本书以案例故事的方式,介绍了 HRBP 在实际工作中碰到的问题和挑战	书中的 HR 解决方案讲究因时因地制宜、简单有效的原则,重在启发读者思路,可供各类企业 HRBP 借鉴
	HRBP 是这样炼成的之高级修炼 新　海　著	以故事的形式,展现了 HRBP 工作者在职业发展路上的层层深入和递进	为读者提供 HRBP 在实际工作中遇到种种问题的解决方案
	把面试做到极致:首席面试官的人才甄选法 孟广桥　著	作者用自己几十年的人力资源经验总结出的一套实用的确定岗位招聘标准、提升面试官技能素质的简便方法	面试官必备,没有空泛理论,只有巧妙的实操技能
	人力资源体系与 e－HR 信息化建设 刘书生　陈　莹　王美佳　著	将作者经历的人力资源管理变革、人力资源管理信息化咨询项目方法论、工具和成果全面展现给读者,使大家能够将其快速应用到管理实践中	系统性非常强,没有废话,全部是浓缩的干货
	回归本源看绩效 孙　波　著	让绩效回顾"改进工具"的本源,真正为企业所用	确实是来源于实践的思考,有共鸣
	世界 500 强资深培训经理人教你做培训管理 陈　锐　著	从 7 大角度具体细致地讲解了培训管理的核心内容	专业、实用、接地气
	曹子祥教你做激励性薪酬设计 曹子祥　著	以激励性为指导,系统性地介绍了薪酬体系及关键岗位的薪酬设计模式	深入浅出,一本书学会薪酬设计
	曹子祥教你做绩效管理 曹子祥　著	复杂的理论通俗化,专业的知识简单化,企业绩效管理共性问题的解决方案	轻松掌握绩效管理
	把招聘做到极致 远　鸣　著	作为世界 500 强高级招聘经理,作者数十年招聘经验的总结分享	带来职场思考境界的提升和具体招聘方法的学习
	人才评价中心．超级漫画版 邢　雷　著	专业的主题,漫画的形式,只此一本	没想到一本专业的书,能写成这效果
	走出薪酬管理误区 全怀周　著	剖析薪酬管理的 8 大误区,真正发挥好枢纽作用	值得企业深读的实用教案
	集团化人力资源管理实践 李小勇　著	对搭建集团化的企业很有帮助,务实,实用	最大的亮点不是理论,而是结合实际的深入剖析
	我的人力资源咨询笔记 张　伟　著	管理咨询师的视角,思考企业的 HR 管理	通过咨询师的眼睛对比很多企业,有启发
	本土化人力资源管理 8 大思维 周　剑　著	成熟 HR 理论,在本土中小企业实践中的探索和思考	对企业的现实困境有真切体会,有启发

续表

企业文化	**36 个拿来就用的企业文化建设工具** 海融心胜　主编	数十个工具，为了方便拿来就用，每一个工具都严格按照工具属性、操作方法、案例解读划分，实用、好用	企业文化工作者的案头必备书，方法都在里面，简单易操作
	企业文化建设超级漫画版 邢　雷　著	以漫画的形式系统教你企业文化建设方法	轻松易懂好操作
	华夏基石方法：企业文化落地本土实践 王祥伍　谭俊峰　著	十年积累、原创方法、一线资料，和盘托出	在文化落地方面真正有洞察，有实操价值的书
	企业文化的逻辑 王祥伍　著	为什么企业之间如此不同，解开绩效背后的文化密码	少有的深刻，有品质，读起来很流畅
	企业文化激活沟通 宋杼宸　安　琪　著	透过新任 HR 总经理的眼睛，揭示出沟通与企业文化的关系	有实际指导作用的文化落地读本
	在组织中绽放自我：从专业化到职业化 朱仁健　王祥伍　著	个人如何融入组织，组织如何助力个人成长	帮助企业员工快速认同并投入到组织中去，为企业发展贡献力量
	企业文化定位·落地一本通 王明胤　著	把高深枯燥的专业理论创建成一套系统化、实操化、简单化的企业文化缔造方法	对企业文化不了解，不会做？有这一本从概念到实操，就够了
生产管理	**精益思维：中国精益如何落地** 刘承元　著	笔者二十余年企业经营和咨询管理的经验总结	中国企业需要灵活运用精益思维，推动经营要素与管理机制的有机结合，推动企业管理向前发展
	300 张现场图看懂精益 5S 管理 乐　涛　编著	5S 现场实操详解	案例图解，易懂易学
	高员工流失率下的精益生产 余伟辉　著	中国的精益生产必须面对和解决高员工流失率问题	确实来源于本土的工厂车间，很务实
	车间人员管理那些事儿 岑立聪　著	车间人员管理中处理各种"疑难杂症"的经验和方法	基层车间管理者最闹心、头疼的事，'打包'解决
	1. 欧博心法：好管理靠修行 **2. 欧博心法：好工厂这样管** 曾　伟　著	他是本土最大的制造业管理咨询机构创始人，他从 400 多个项目、上万家企业实践中锤炼出的欧博心法	中小制造型企业，一定会有很强的共鸣
	欧博工厂案例 1：生产计划管控对话录 **欧博工厂案例 2：品质技术改善对话录** **欧博工厂案例 3：员工执行力提升对话录** 曾　伟　著	最典型的问题、最详尽的解析，工厂管理 9 大问题 27 个经典案例	没想到说得这么细，超出想象，案例很典型，照搬都可以了
	工厂管理实战工具 欧博企管　编著	以传统文化为核心的管理工具	适合中国工厂
	苦中得乐：管理者的第一堂必修课 曾　伟　编著	曾伟与师傅大愿法师的对话，佛学与管理实践的碰撞，管理禅的修行之道	用佛学最高智慧看透管理
	比日本工厂更高效 1：管理提升无极限 刘承元　著	指出制造型企业管理的六大积弊；颠覆流行的错误认知；掌握精益管理的精髓	每一个企业都有自己不同的问题，管理没有一剑封喉的秘笈，要从现场、现物、现实出发
	比日本工厂更高效 2：超强经营力 刘承元　著	企业要获得持续盈利，就要开源和节流，即实现销售最大化，费用最小化	掌握提升工厂效率的全新方法

续表

生产管理	**比日本工厂更高效3:精益改善力的成功实践** 刘承元　著	工厂全面改善系统有其独特的目的取向特征,着眼于企业经营体质(持续竞争力)的建设与提升	用持续改善力来飞速提升工厂的效率,高效率能够带来意想不到的高效益
	3A顾问精益实践1:IE与效率提升 党新民　苏迎斌　蓝旭日　著	系统的阐述了IE技术的来龙去脉以及操作方法	使员工与企业持续获利
	3A顾问精益实践2:JIT与精益改善 肖志军　党新民　著	只在需要的时候,按需要的量,生产所需的产品	提升工厂效率
	手把手教你做专业的生产经理 黄　娜　著	物流、信息流、资金流,让生产经理管理有抓手	从菜鸟到能把控全局
员工素质提升	**TTT培训师精进三部曲(上):深度改善现场培训效果** 廖信琳　著	现场把控不用慌,这里有妙招一用就灵	课程现场无论遇到什么样的情况都能游刃有余
	TTT培训师精进三部曲(中):构建最有价值的课程内容 廖信琳　著	这样做课程内容,学员有收获培训师也有收获	优质的课程内容是树立个人品牌的保证
	TTT培训师精进三部曲(下):职业功力沉淀与修为提升 廖信琳　著	从内而外提升自己,职业的道路一帆风顺	走上职业TTT内训师的康庄大道
	培训师,如何让你的事业长青:自我管理的10项法则 廖信琳　著	建立了一套完整的培训师自我管理体系,为培训师的职业成长与发展提供有益的指引	培训师如何在自己的职业道路上越走越高,事业长青,一直有所收获与成长?本书将给你答案
	管理咨询师的第一本书:百万年薪 千万身价 熊亚柱　著	从问题出发,发现问题、分析问题、解决问题,让两眼一抹黑的新人快速成长	管理咨询师初入职场,让这本书开启百万年薪之路
	手把手教你做专业督导:专卖店、连锁店 熊亚柱　著	从督导的职能、作用,在工作中需要的专业技能、方法,都提供了详细的解读和训练办法,同时附有大量的表单工具	无论是店铺需要统一培训,还是个人想成为优秀的督导,有这一本就够了
	跟老板"偷师"学创业 吴江萍　余晓雷　著	边学边干,边观察边成长,你也可以当老板	不同于其他类型的创业书,让你在工作中积累创业经验,一举成功
	销售轨迹:一位快消品营销总监的拼搏之路 秦国伟　著	本书讲述了一个普通销售员打拼成为跨国企业营销总监的真实奋斗历程	激励人心,给广大销售员以力量和鼓舞
	在组织中绽放自我:从专业化到职业化 朱仁健　王祥伍　著	个人如何融入组织,组织如何助力个人成长	帮助企业员工快速认同并投入到组织中去,为企业发展贡献力量
	企业员工弟子规:用心做小事,成就大事业 贾同领　著	从传统文化《弟子规》中学习企业中为人处事的办法,从自身做起	点滴小事,修养自身,从自身的改善得到事业的提升
	手把手教你做顶尖企业内训师:TTT培训师宝典 熊亚柱　著	从课程研发到现场把控、个人提升都有涉及,易读易懂,内容丰富全面	想要做企业内训师的员工有福了,本书教你如何抓住关键,从入门到精通

续表

营销类:把客户需求融入企业各环节,提供"客户认为"有价值的东西			
	书名.作者	内容/特色	读者价值
营销模式	**精品营销战略** 杜建君 著	以精品理念为核心的精益战略和营销策略	用精品思维赢得高端市场
	变局下的营销模式升级 程绍珊 叶 宁 著	客户驱动模式、技术驱动模式、资源驱动模式	很多行业的营销模式被颠覆,调整的思路有了!
	卖轮子 科克斯【美】	小说版的营销学!营销理念巧妙贯穿其中,贵在既有趣,又有深度	经典、有趣!一个故事读懂营销精髓
	动销操盘:节奏掌控与社群时代新战法 朱志明 著	在社群时代把握好产品生产销售的节奏,解析动销的症结,寻找动销的规律与方法	都是易读易懂的干货!对动销方法的全面解析和操盘
	弱势品牌如何做营销 李政权 著	中小企业虽有品牌但没名气,营销照样能做的有声有色	没有丰富的实操经验,写不出这么具体、详实的案例和步骤,很有启发
	老板如何管营销 史贤龙 著	高段位营销16招,好学好用	老板能看,营销人也能看
	洞察人性的营销战术:沈坤教你28式 沈 坤 著	28个匪夷所思的营销怪招令人拍案叫绝,涉及商业竞争的方方面面,大部分战术可以直接应用到企业营销中	各种谋略得益于作者的横向思维方式,将其操作过的案例结合其中,提供的战术对读者有参考价值
	动销:产品是如何畅销起来的 吴江萍 余晓雷 著	真真切切告诉你,产品究竟怎么才能卖出去	击中痛点,提供方法,你值得拥有
	1000铁杆女粉丝 张兵武 著	连接是女性与生俱来的特质。能善用连接的营销人员,就像拿到打开女性荷包的钥匙	重新认识女性的传播力量
	360°谈营销:一位营销咨询师20年实战洞察 王清华 古怀亮 著	各个角度,全方位,多视点剥营销	思路单一,此书帮你破
销售	**资深大客户经理:策略准,执行狠** 叶敦明 著	从业务开发、发起攻势、关系培育、职业成长四个方面,详述了大客户营销的精髓	满满的全是干货
	成为资深的销售经理:B2B、工业品 陆和平 著	围绕"销售管理的六个关键控制点"一一展开,提供销售管理的专业、高效方法	方法和技术接地气,拿来就用,从销售员成长为经理不再犯难
	销售是门专业活:B2B、工业品 陆和平 著	销售流程就应该跟着客户的采购流程和关注点的变化向前推进,将一个完整的销售过程分成十个阶段,提供具体方法	销售不是请客吃饭拉关系,是个专业的活计!方法在手,走遍天下不愁
	向高层销售:与决策者有效打交道 贺兵一 著	一套完整有效的销售策略	有工具,有方法,有案例,通俗易懂
	卖轮子 科克斯 【美】	小说版的营销学!营销理念巧妙贯穿其中,贵在既有趣,又有深度	经典、有趣!一个故事读懂营销精髓
	学话术 卖产品 张小虎 著	分析常见的顾客异议,将优秀的话术模块化	让普通导购员也能成为销售精英
组织和团队	**升级你的营销组织** 程绍珊 吴越舟 著	用"有机性"的营销组织替代"营销能人",营销团队变成"铁营盘"	营销队伍最难管,程老师不愧是营销第1操盘手,步骤方法都很成熟
	用数字解放营销人 黄润霖 著	通过量化帮助营销人员提高工作效率	作者很用心,很好的常备工具书

续表

组织和团队	**成为优秀的快消品区域经理（升级版）** 伯建新　著	用“怎么办”分析区域经理的工作关键点，增加30%全新内容，更贴近环境变化	可以作为区域经理的“速成催化器”
	成为资深的销售经理：B2B、工业品 陆和平　著	围绕“销售管理的六个关键控制点”一一展开，提供销售管理的专业、高效方法	方法和技术接地气，拿来就用，从销售员成长为经理不再犯难
	一位销售经理的工作心得 蒋　军　著	一线营销管理人员想提升业绩却无从下手时，可以看看这本书	一线的真实感悟
	快消品营销：一位销售经理的工作心得2 蒋　军　著	快消品、食品饮料营销的经验之谈，重点突出	来源于实战的精华总结
	销售轨迹：一位快消品营销总监的拼搏之路 秦国伟　著	本书讲述了一个普通销售员打拼成为跨国企业营销总监的真实奋斗历程	激励人心，给广大销售员以力量和鼓舞
	用营销计划锁定胜局：用数字解放营销人2 黄润霖　著	全方位教你怎么做好营销计划，好学好用真简单	照搬套用就行，做营销计划再也不头痛
	快消品营销人的第一本书：从入门到精通 刘　雷　伯建新　著	快消行业必读书，从入门到专业	深入细致，易学易懂
产品	**产品研发管理实战** 任彭枞　编著	产品研发管理体系全指导	既有工具，又能开拓思路
	新产品开发管理，就用IPD 郭富才　著	10年IPD研发管理咨询总结，国内首部IPD专业著作	一本书掌握IPD管理精髓
	资深项目经理这样做新产品开发管理 秦海林　著	以IPD为思想，系统讲解新产品开管理的细节	提供管理思路和实用工具
	产品炼金术Ⅰ：如何打造畅销产品 史贤龙　著	满足不同阶段、不同体量、不同行业企业对产品的完整需求	必须具备的思维和方法，避免在产品问题上走弯路
	产品炼金术Ⅱ：如何用产品驱动企业成长 史贤龙　著	做好产品、关注产品的品质，就是企业成功的第一步	必须具备的思维和方法，避免在产品问题上走弯路
品牌	**中小企业如何建品牌** 梁小平　著	中小企业建品牌的入门读本，通俗、易懂	对建品牌有了一个整体框架
	采纳方法：破解本土营销8大难题 朱玉童　编著	全面、系统、案例丰富、图文并茂	希望在品牌营销方面有所突破的人，应该看看
	中国品牌营销十三战法 朱玉童　编著	采纳20年来的品牌策划方法，同时配有大量的案例	众包方式写作，丰富案例给人启发，极具价值
	今后这样做品牌：移动互联时代的品牌营销策略 蒋　军　著	与移动互联紧密结合，告诉你老方法还能不能用，新方法怎么用	今后这样做品牌就对了
	中小企业如何打造区域强势品牌 吴　之　著	帮助区域的中小企业打造自身品牌，如何在强壮自身的基础上往外拓展	梳理误区，系统思考品牌问题，切实符合中小区域品牌的自身特点进行阐述
渠道通路	**快消品营销与渠道管理** 谭长春　著	将快消品标杆企业渠道管理的经验和方法分享出来	可口可乐、华润的一些具体的渠道管理经验，实战

续表

渠道通路	传统行业如何用网络拿订单 张　进　著	给老板看的第一本网络营销书	适合不懂网络技术的经营决策者看
	采纳方法:化解渠道冲突 朱玉童　编著	系统剖析渠道冲突,21 个渠道冲突案例、情景式讲解,37 篇讲义	系统、全面
	学话术　卖产品 张小虎　著	分析常见的顾客异议,将优秀的话术模块化	让普通导购员也能成为销售精英
	向高层销售:与决策者有效打交道 贺兵一　著	一套完整有效的销售策略	有工具,有方法,有案例,通俗易懂
	通路精耕操作全解:快消品 20 年实战精华 周　俊　陈小龙　著	通路精耕的详细全解,每一步的具体操作方法和表单全部无保留提供	康师傅二十年的经验和精华,实践证明的最有效方法,教你如何主宰通路

管理者读的文史哲·生活

书名.作者		内容/特色	读者价值
思想·文化	德鲁克管理思想解读 罗　珉　著	用独特视角和研究方法,对德鲁克的管理理论进行了深度解读与剖析	不仅是摘引和粗浅分析,还是作者多年深入研究的成果,非常可贵
	德鲁克与他的论敌们:马斯洛、戴明、彼得斯 罗　珉　著	几位大师之间的论战和思想碰撞令人受益匪浅	对大师们的观点和著作进行了大量的理论加工,去伪存真、去粗存精,同时有自己独特的体系深度
	德鲁克管理学 张远凤　著	本书以德鲁克管理思想的发展为线索,从一个侧面展示了 20 世纪管理学的发展历程	通俗易懂,脉络清晰
	王阳明“万物一体”论:从“身－体”的立场看(修订版) 陈立胜　著	以身体哲学分析王阳明思想中的“仁”与“乐”	进一步了解传统文化,了解王阳明的思想
	自我与世界:以问题为中心的现象学运动研究 陈立胜　著	以问题为中心,对现象学运动中的“意向性”“自我”“他人”“身体”及“世界”各核心议题之思想史背景与内在发展理路进行深入细致的分析	深入了解现象学中的几个主要问题
	作为身体哲学的中国古代哲学 张再林　著	上篇为中国古代身体哲学理论体系奠基性部分,下篇对由“上篇”所开出的中国身体哲学理论体系的进一步的阐发和拓展	了解什么是真正原生态意义上的中国哲学,把中国传统哲学与西方传统哲学加以严格区别
	中西哲学的歧异与会通 张再林　著	本书以一种现代解释学的方法,对中国传统哲学内在本质尝试一种全新的和全方位的解读	发掘出掩埋在古老传统形式下的现代特质和活的生命,在此基础上揭示中西哲学“你中有我,我中有你”之旨
	治论:中国古代管理思想 张再林　著	本书主要从儒、法墨三家阐述中国古代管理思想	看人本主义的管理理论如何不留斧痕地克服似乎无法调解的存在于人类社会行为与社会组织中的种种两难和对立
	车过麻城 再晤李贽 张再林　著	系统全面而又简明扼要地展示了李贽独到的学术眼力和超拔的理论建树	帮助读者重新认识李贽的思想

续表

思想·文化	**中国古代政治制度(修订版)上:皇帝制度与中央政府** 刘文瑞　著	全面论证了古代皇帝制度的形成和演变的历程	有助于读者从政治制度角度了解中国国情的历史渊源
	中国古代政治制度(修订版)下:地方体制与官僚制度 刘文瑞　著	全面论证了古代地方政府的发展演变过程	有助于读者从政治制度角度了解中国国情的历史渊源
	中国思想文化十八讲(修订版) 张茂泽　著	中国古代的宗教思想文化,如对祖先崇拜、儒家天命观、中国古代关于“神”的讨论等	宗教文化和人生信仰或信念紧密相联,在文化转型时期学习和研究中国宗教文化就有特别的现实意义
	史幼波《大学》讲记 史幼波　著	用儒释道的观点阐释大学的深刻思想	一本书读懂传统文化经典
	史幼波《周子通书》《太极图说》讲记 史幼波　著	把形而上的宇宙、天地,与形而下的社会、人生、经济、文化等融合在一起	将儒家的一整套学修系统融合起来
	史幼波《中庸》讲记(上下册) 史幼波　著	全面、深入浅出地揭示儒家中庸文化的真谛	儒释道三家思想融会贯通
	梁涛讲《孟子》之万章篇 梁　涛　著	《万章》主要记录孟子与万章的对话,涉及孝道、亲情、友情、出仕为官等	作者的解读能帮助读者更好地理解孟子及儒学
	两晋南北朝十二讲(修订版) 李文才　著	作为一本普及性读物,作者尊重史实,运用“历史心理学”的叙事方法,分 12 个专题对两晋南北朝的历史进行阐述	让读者轻松了解两晋南北朝的历史
	每个中国人身上的春秋基因 史贤龙　著	春秋 368 年(公元前 770 – 公元前 403 年),每一个中国人都可以在这段时期的历史中找到自己的祖先,看到真实发生的事件,同时也看到自己	长情商、识人心
	与《老子》一起思考:德篇 史贤龙　著	打通文史,回归哲慧,纵贯古今,放眼中外,妙语迭出,在当今的老子读本中别具一格	深读有深读的回味,浅尝有浅尝的机敏,可给读者不同的启发
	说服天下:《鬼谷子》的中国沟通术 翟玉忠　著	由内圣而外王,从心力的培育到具体的说服理论,再到生动的说服案例	从商业到军事再到日常生活,沟通说服已经变得越来越重要
	郑子太极拳理拳法 杨竣雄　著	走进郑子太极拳完整训练体系的大门,随着书中另一主角——师父的课程安排与每日功课的练习	当您学完这套书后,在掌握拳架的同时具备诸多正确的太极理念与系统知识
	内功太极拳训练教程 王铁仁　编著	杨式(内功)太极拳(俗称老六路)的详细介绍及具体修炼方法,身心的一次升华	书中含有大量图解并有相关视频供读者同步学习
	中医治心脏病 马宝琳　著	引用众多真实案例,客观真实地讲述了中西医对于心脏病的认识及治疗方法	看完这本书,能为您节约 10 万元医药费